国家自然科学基金项目（71262006）
中国博士后科学基金面上一等资助项目（2014M560822）
石河子大学哲学社会科学优秀学术著作出版资金专项资助

经济管理学术文库·经济类

公司治理环境、产品市场竞争与股票特质性波动

Corporate Governance Environment, Product Market Competition and Stock Idiosyncratic Volatility

吴昊旻 ／ 著

图书在版编目（CIP）数据

公司治理环境、产品市场竞争与股票特质性波动/吴昊旻著.—北京：经济管理出版社，2017.12
　ISBN 978－7－5096－5574－0

Ⅰ.①公…　Ⅱ.①吴…　Ⅲ.①公司—企业管理—产品管理—影响—股票市场—研究—中国　Ⅳ.①F832.51

中国版本图书馆 CIP 数据核字（2017）第 314007 号

组稿编辑：曹　靖
责任编辑：杨国强　张瑞军
责任印制：司东翔
责任校对：张晓燕

出版发行：经济管理出版社
　　　　　（北京市海淀区北蜂窝 8 号中雅大厦 A 座 11 层　100038）
网　　址：www.E－mp.com.cn
电　　话：（010）51915602
印　　刷：北京玺诚印务有限公司
经　　销：新华书店
开　　本：720mm×1000mm/16
印　　张：8.25
字　　数：152 千字
版　　次：2018 年 3 月第 1 版　2018 年 3 月第 1 次印刷
书　　号：ISBN 978－7－5096－5574－0
定　　价：58.00 元

·版权所有　翻印必究·

凡购本社图书，如有印装错误，由本社读者服务部负责调换。
联系地址：北京阜外月坛北小街 2 号
电话：（010）68022974　　邮编：100836

前　言

国内外诸多研究表明，产品市场的激烈竞争会加剧公司的特质性回报波动（IR），并导致其与回报的普遍背离。本书基于产品市场竞争（PMC）的中宏观视角，在"竞争—风险"关联中首次纳入公司治理（环境）考量，以中国工业企业及沪深 A 股上市公司 2000～2013 年数据为样本，从公司微观治理机制（包括股权/控制权结构、公司内部的整体治理水平 CGI）及其所在的中宏观治理环境（行业的国有股比重 ROG、市场化程度）两大层面，纵深考察"治理—竞争—波动"关联。

本书研究发现：中国资本市场的特质性风险已处于较高水平，且具有明显的阶段波动特征；产品市场竞争与特质性波动呈显著的非线性关系（倒 U 形），产品市场的适度竞争（行业结构相对集中、公司市场势力更为显著时）能有效缓解特质性波动；弱化的公司治理（环境）在加剧竞争的同时，还会加剧特质性回报波动，特别是在国有股比重（ROG）更大的行业，其回报波动更为显著，我国以国企为主体的上市公司间竞争以及以国有经济为主导的行业竞争格局"畸形"依旧；成长性差异是影响"竞争—风险"关系及其治理的重要环境因素，在政府更倾向于优先支持"国字号、规模大、势力强、成长快、技术新"特征企业的"理性"偏好背景之下，高成长性（机会）成为国企巩固其已有优势的更有利基础（相对于民企）；更好的公司治理（环境）能够有效抑制市场的过度竞争及其引致的显著特质性波动（即会弱化"竞争—风险"正相关关系），进而有效提升产品市场竞争的质量或效率（可为 PMC 设置"效率边界"，以使竞争效率不至于"倒 U 形"递减）。

本书的研究不仅为市场的过度竞争及其引致的特质性回报波动的有效治理提供了经验证据，同时也从产品市场竞争的中宏观视角"重申"了国企的"双重效率损失"（国企的日益做大，"双向加剧"了行业的行政性垄断与无序竞争，进而引致显著的特质性波动），为中国行业"双低并存"的畸形竞争格局以及各行业"国企独大"的双重危害提供了基于产品市场竞争（PMC）之传导路径的可信解释。

目　录

第1章　绪论 ·· 1

 1.1　研究背景与问题提出 ··· 1

 1.2　主要研究结论 ··· 3

 1.3　主要研究贡献与启示 ··· 4

 1.4　研究的结构安排 ··· 5

第2章　相关研究 ·· 6

 2.1　"PMC—风险"关联 ·· 6

 2.2　"竞争—治理"的效率互动 ··· 8

 2.3　"治理—风险"关联 ·· 9

第3章　理论模型：产品市场的激烈竞争有损公司绩效 ····················· 11

 3.1　产品市场竞争与公司绩效：理想模型 ····································· 12

 3.2　产品市场竞争与公司绩效：考虑（债务）
    融资约束的一个拓展的现实模型 ·· 14

 3.3　激烈的产品市场竞争有损公司/行业绩效 ································· 28

第4章　制度背景、理论分析与研究假说 ··· 31

 4.1　低效的竞争源于弱化的公司治理（环境） ······························ 32

 4.2　高成长压力：竞争加剧效应与治理优化效应 ··························· 35

 4.3　更好的公司治理（环境）可以为竞争设置一个"效率边界" ······ 36

第 5 章 研究设计 ·· 41
5.1 样本与数据 ·· 41
5.2 变量设置 ·· 42

第 6 章 实证结果分析 ·· 45
6.1 描述性统计分析 ··· 45
6.2 多元回归分析 ·· 55

第 7 章 研究结论与启示 ·· 72
7.1 研究结论 ·· 72
7.2 研究启示与政策建议 ·· 73

附　录 ·· 76

产品市场竞争、成长性与股票特质性波动
　　——基于中国上市公司的经验证据 ······························ 78
由《乡土与城邦》反思现代学术研究的取向 ······················ 108

参考文献 ·· 117

第1章 绪　论

1.1　研究背景与问题提出

关于股票特质性风险（Idiosyncratic Risk）或其回报波动（Idiosyncratic Volatility）的研究一直是现代公司财务的经典命题。特质性风险可以作为股票回报中的公司特征性信息或股价信息含量、资本配置效率、投资决策质量乃至资本市场效率水平以及公司治理环境好坏的一个有效度量（Durnev et al.，2004a，2004b；Ferreira and Laux，2007）。国外诸多研究表明，欧美发达资本市场上的股票特质性风险在近几十年来均呈显著增加的趋势[①]，而其典型的经济后果是公司产品市场竞争（PMC）业绩与其股票市场绩效的关联性下滑（Gaspar and Massa，2006；Brown and Kapadia，2007；Peress，2010；Giroud and Mueller，2011）；而且，世界范围内普遍存在着高特质性波动公司具有更低回报的异常现象（Ang et al.，

---

① 长期看，特质性风险的变化趋势存在时期差异也是"自然现象"（Pástor and Stambaugh，2012）。Brockman 和 Yan（2006）基于 1926~1962 年近 40 年保留样本的重新检验发现：特质性波动呈显著下降趋势，平均特质性波动与市场超额回报间并无显著关联，但特质性波动与横截面股票收益率之间仍呈非常显著的反比关系。Brandt 等（2010）的研究亦显示，2003 年的特质性风险又回至 20 世纪 90 年代前的水平，而 Campbell 等（2001）所谓的增加趋势以及随后的反转多集中在那些股价较低和散户居多的公司，这说明 20 世纪 90 年代特质性风险的增加并非持续的时间趋势，而可能只是一种突发现象，至少部分与散户投资者交易有关。而 Thesmar 和 Thoenig（2009）的均衡模型和实证检验甚至指出：是资本市场参与度及国际资本市场整合度的增加，使公众公司和私企的特质性风险呈相反变化趋势，而产品市场规模及其竞争程度、上市公司比重、总波动的下降等相对静态的变化并不能完全解释这种趋势。

2009；Fu，2009；Dasgupta et al.，2011；Panousi and Papanikolaou，2012；Grullon et al.，2012）。这两种显著的趋势已日益引起学界重视，不一而同，更多的学者将其归咎于产品市场上日趋剧烈的竞争。吴昊旻等（2012）的研究发现，中国上市公司特质性风险水平虽然较低但其增加趋势显著，特质性风险与其（过高的）市场风险明显相"背离"，中国资本市场的投机市或政策市特征依然明显。

公司治理是影响股票特质性风险的重要环境因素，更好的公司治理往往对应着适度较高的特质性风险和更活跃的（知情）交易，股价中更多的公司特征性信息能促进更高效的公司投资。各国普遍存在的低回报与更高特质性波动显著关联的结果，意味着许多更广且不易分散的因素在背后起作用。所以，对于特质性风险变化及其内涵的考察，还应扩及到经济环境变迁与制度背景差异的更深层面，即须在公司所处的治理环境中寻求新的解释。代理问题对于公司/行业的竞争政策、创新与增长及其绩效具有广泛重要影响，考察股票回报的任何系统性影响因素，须将投资者预期或信息与公司治理规则相关联。企业微观层面的代理冲突具有其显著的制度渊源，缓解代理问题及其引致的消极后果，须从完善公司微观治理机制及其所在的治理环境两方面着手（吴昊旻和王华，2010）。上述关于"治理—风险"与"PMC—风险"的基本证据与国内外制度环境尤其是公司竞争绩效和资本市场效率水平的现实差异、经验研究以及新政取向相吻合。那么，中国总体向好但仍相对滞后的公司治理（环境）是不是导致特质性风险水平"过低"及其与市场风险明显相"背离"的原因？竞争促进了信息的充分流动进而又推升了特质性风险水平，但日趋激烈的竞争可能加剧风险与回报的日益背离，那么，更好的公司治理（环境）是否能有效缓解产品市场竞争过度引致的负面效应，进而为竞争设定一个"效率边界"？中国高成长背景下的产品市场竞争又是否已经真的"过度"？

日益重视和推动经济增长方式战略性调整和产业结构转型升级，已成为新时期中国经济持续健康发展的必然选择。结合中国资本市场20多年的发展历程以及当前的经济形势，尤其是自2010年起中共中央明确并继续将"稳增长、调结构、增质量、重效益"作为中国今后经济工作的重心，强调"要充分利用国际金融危机形成的倒逼机制，把化解产能过剩矛盾作为工作重点"、通过"着力增强创新驱动发展新动力"等战略举措"加快调整产业结构，提高产业整体素质"，进而"实现尊重经济规律、有质量、有效益、可持续的发展"。高质量的竞争始终是创新、增长和经济绩效的最有效驱动力量，产品市场竞争具有显著的公司治理效应，而公司治理环境的改善无疑能促进更高质量的竞争。在此背景之下，受产业组织和市场结构理论等多维视角及其最新研究启发，本书拟围绕上述研究关切及其现实背景，基于产品市场竞争的中宏观视角，并在"PMC—风险"关联中首次纳入公司治理（环境）考量，为产品市场竞争的加剧及其引致的显著特质性波动的有效治理提供经验证据和可信解释。这不仅有助于整合"PMC—风险"与"治理—风险"关联视角的相关研究及其解释分歧，亦有助于从治理环境的"宏大或系统完善处"着眼持续推进产品市场竞争的质量或效率，同时又能从股票特质性风险的"小"视角"反观"中国资本市场乃至公司治理环境的效率水平，故具有重要的理论及应用价值。

1.2 主要研究结论

本书基于2000~2013年中国工业企业及沪深A股上市公司样本，实证检验公司治理环境如何影响"竞争—风险"关联，研究结果表明，中国上市公司的特质性风险已处于较高水平，且具有明显的阶段性波动特征；"竞争—风险"呈显著的非线性关系（倒U形），即适度的产品市场竞争（行业结构相对集中、公司市场势力更为显著时）能有效缓解特质性波动；弱化的公司治理（环境）在加剧产品市场竞争的同时，还会加剧特质性波动，特别是在国有股比重（ROG）更大的行业，其波动更为显著；成长性差异是影响"竞争—风险"关系及其治理的重要环境因素，在政府更倾向于优先支持"国字号、规模大、势力强、成长快、技术新"特征企业的"理性"偏好背景之下，高成长性（机会）成为国企巩固其已有优势的更有利基础（相对于民企）；更好的公司治理（环境）能够有效抑制产品市场的过度竞争及其引致的显著特质性波动，有助于提升产品市场竞争的质量或效率。

1.3 主要研究贡献与启示

本书的主要贡献体现在：

其一，从产品市场竞争（PMC）的中宏观视角关注股票特质性风险，为中国公司特质性风险的变化、内涵及其经济后果提供了来自全行业样本的经验证据。

其二，在"PMC—风险"关联中首次纳入公司治理（环境）考量，在公司治理环境的宏微观层面纵深而系统地考察"PMC—风险"正向关联的起因及其有效治理，提出良好的治理环境能够为产品市场竞争设定一个"效率边界"，使竞争和风险均回归其适度或效率水平，使竞争效率不至于"倒U形"递减，这符合西方发达市场经济国家的市场化治理路径。

其三，在 Gaspar 和 Massa（2006）等研究基础上，进一步发现了"PMC—风险"的非线性关联（倒U形），这为着意提升产品市场竞争质量即保持市场的适度竞争何以能有效缓解特质性波动（IR）提供了进一步证据。

其四，有别于刘瑞明和石磊（2010）、于良春和张伟（2010）等基于经济增长和行业行政性垄断视角的研究，本书从产品市场竞争的中宏观视角——并将高成长性作为影响竞争和治理的重要背景，"重申"了国企的"双重效率损失"，即各行业的"国企独大"不仅会通过强化垄断而导致福利损失，而且也会通过加剧竞争而误导资源配置，使竞争日益背离其市场化轨道，这为中国上市公司所在行业低效竞争与低效垄断"双低并存"的竞争格局，以及广大民企竞争实力持续弱化的现象提供了可信解释，同时也为刘瑞明和石磊（2010）等关于国企"双重效率损失"的渊源提供了基于产品市场竞争（PMC）的可信传导路径，为中国通过国企有效治理进而系统优化其产品市场竞争格局、推进产业结构的转型升级等提供了新的经验启示。

1.4 研究的结构安排

本书研究共分为7章,具体的结构安排如下:第1章为绪论;第2章为相关研究综述;第3章为理论模型构建;第4章为制度背景、理论分析与研究假设;第5章为实证研究设计;第6章为实证分析与稳健性检验;第7章为研究结论、研究启示与政策建议。

第 2 章　相关研究

自 20 世纪 60 年代中期以后，西方经济学界对于（新）凯恩斯主义（坚持政府干预经济）和新古典宏观经济学（奉行自由市场经济）的各自追捧和共同反思几乎是并行的，但由市场竞争主导经济发展的"金科玉律"已然定型[①]，至 20 世纪 80 年代中期经济全球化趋势的形成和深化，各国及其跨国公司之间的竞争已日益激烈，国际竞争的传导与渗透，"配合着"各国尤其是新兴/转轨经济国家国内市场的激烈竞争及其高成长背景以及金融危机的频发等"有利/不利"的环境因素，在此背景之下，诸多研究开始集中关注产品市场竞争何以加剧及其显著经济后果的成因，同时亦开始寻求"政策依赖之外"的市场化治理路径。

2.1　"PMC—风险"关联

关于竞争结构与效率的关系，Demsetz（1973）等早期经典研究指出，效率的高低或是否取得竞争优势才是衡量行业结构优劣的关键，不能只看其表面是竞争的或是集中的，过于分散的竞争有损效率，集中与分散的行业市场结构引致的（财务）政策高效率都是"有条件的"，如可能还要考虑规模等影响。Demsetz（1973）通过分析和检验，进而提出如下质疑：诸如分散化或反并购的政策，是否也会因此导致更低的效率？上述质疑已陆续被一系列研究和实践所证实。

[①] 虽然 20 世纪 90 年代中后期的亚洲金融危机尤其是 2008 年的世界金融危机促使"竞争 or 干预"的反思出现短暂的反复，但由市场主导资源配置的原则仍未动摇，我国新时期着重于转变经济发展方式和优化产业结构的战略总基调也同样坚持和深化市场主导原则。

Morck 等（2000）、Campbell 等（2001）等关于美国因全球化和放松管制而导致的激烈竞争背景下的股票特质性波动大增的经验结果以及 Gaspar 和 Massa（2006）、Irvine 和 Pontiff（2009）、Peress（2010）及 Kale（2011）等直接关注"PMC—风险"关联的最新研究均表明：正是激烈的竞争弱化了股价的信息含量，并因此导致股票特质性风险或其回报波动的显著增加和更差的事后收益；显著的公司市场势力或适度集中的行业结构即不完全竞争的产品市场有助于缓解公司股票市场的低效率。因权益融资成本降低（Fama and French, 2004）和行业管制放松等市场因素或政策背景引致的各行业公司"数量和质量"的显著变化——即更多弱小（Campbell et al., 2001；Bali et al., 2005；Fama et al., French, 2004, 2012；Chod et al., Lyandres, 2011）或更具风险（Brown et al., Kapadia, 2007；Lowry et al., 2010）的新公司的迅速及大量上市——可能是导致行业竞争结构变迁的直接原因。产品市场与股票市场因其竞争互动，故其对于公司价值的影响效应亦必密切关联。这些研究成果首次建立起公司产品市场竞争与其股票市场的效率关联路径，并使之日益成为未来公司财务研究（如资产定价等）的一个新兴趋势①。沿着上述路径并将行业竞争结构作为外生驱动因素，吴昊旻等（2012）首次基于产品市场竞争视角考察中国特质性风险显著增加的成因及其内涵，其基于"竞争结构—风险预期—回报波动"关联的理论分析与实证表明：中国上市公司的股票特质性风险——至少近十年来——也呈显著增加趋势，特质性风险与其市场风险的明显"背离"虽国内外皆然，但其背离的"性质"迥异，中国股市的"投机/政策市"特征更为明显；特质性风险的显著增加与产品市场竞争的加剧显著正相关；集中的行业结构与显著的公司市场势力能有效弱化特质性风险，稳定公司回报。与 Demsetz（1973）、Gaspar 和 Massa（2006）、Peress（2010）等研究一脉相承，吴昊旻等（2012）指出的弱化激烈竞争进而缓解特质性波动的结论，其着重在于提升竞争的质量或效率。

---

① 吴昊旻等（2012）将其概括为 PMC 之"内生互动影响"（包括"小公司""新公司""基本现金流波动"及"信息—风险"四类效应）和"外生独立效应"（包括信息传播、自然保值和创新激励三种路径）。

2.2 "竞争—治理"的效率互动

可以说，上述基于"PMC—风险"关联的研究较好地解释了股票特质性波动的变化、成因及其内涵，并指出应保持产品市场的适度竞争以缓解股票风险与其回报的显著背离等负面经济后果。然而，这些研究并未就低效竞争（竞争失度）的"有效治理"提供清晰答案，且多诉诸（政府）政策推动的层面，并未就"政策之外"① 的市场化治理路径提供系统深入结论，故只能算作一种不完整的解释。产品市场竞争很早就被经济学家认为是一种重要的公司治理机制，而这一机制正日益受到国内外学界的高度重视。Ferreira 和 Laux（2007）等考察"治理—风险"关联的研究以及 Giroud 和 Mueller（2010，2011）等关于公司治理、产品市场竞争与权益价格的相关成果，为后续关于产品市场竞争、公司治理（环境）与特质性风险的纵深研究，提供了颇有价值的启示。由上文"PMC—风险"关联以及下文"治理—风险"视角和"PMC—治理"互动效应的相关研究可见，在有效提升股价信息含量、缓解风险与回报的显著背离进而持续提升公司间竞争质量及其绩效方面，优化行业的竞争结构和培育公司显著的市场势力或竞争优势，实际上与完善公司治理"殊途同归"，保持适度竞争以使其发挥更高的效率（即为竞争设定一个"效率边界"），还须依赖公司治理环境的改善。

产品市场竞争具有显著的公司治理效应，能有效改进行业的信息披露并提高违约的概率（Guadalupe and Pérez – González, 2010），这有效抑制了管理层懈怠（Gompers et al., 2003; Giroud and Mueller, 2010），企业生产率、产品市场竞争与各种公司治理机制显著正相关（Jens et al., 2005）。经济学家通常认为管理层懈怠是非竞争行业中企业的首要问题，这意味着相对于非竞争行业，竞争行业中的企业可能从更好的公司治理中受益较少，因为竞争压力的缺乏无法有效约束管理层。与此相一致，Giroud 和 Mueller（2010，2011）研究发现：弱的公司治理

---

① 政策力量的结果并非一定助长政府干预（"政策之道"）或推动市场化的治理路径（"治理之道"），故要看其更容易倾向于哪一边。相对于弱化管制、放松准入及降低融资门槛等政府依赖倾向，这里的"政策之外"是指不单纯依赖政府政策或非政府主导的、符合市场化或"制度主义"演进逻辑的治理优化路径，也即淡化政府干预的市场化治理模式。

确实会导致更低的权益回报、更差的经营业绩以及更低的企业价值,但仅表现在非竞争行业(南开大学公司治理评价课题组,2010);究其原因在于,非竞争行业中公司治理弱化的企业其劳动生产率较低、投入成本更高或实施了更多有损公司价值的收购。这与 Guadalupe 和 Pérez – González (2010) 关于产品市场竞争与控制权私利(PBC)的负向关联在集中行业和弱法治国家更为显著的结论一致。因此,推进公司治理的相关政策应努力更多关注行业竞争结构的优化调整,特别是应在放松行政管制、抑制过度垄断以及加强法律保护等方面着力提升行业的竞争质量或效率(Cremers et al., 2009; 于良春等, 2010; 孙早和王文, 2011)①,这也是中国自 2009 年起进一步明确强调和保持"调结构、增质量、重效益"的宏观经济政策总基调的经济实质所在。

2.3 "治理—风险" 关联

Ferreira 和 Laux (2007) 关注公司治理安排与知情交易的互动何以影响股价信息含量,其核心结果及其"交易关联"和"信息流"解释补充了 Jin 和 Myers (2006)、Durnev 等 (2004a) 等的研究。与 Cremers 等 (2005, 2009) 等研究一致, Ferreira 和 Laux (2007) 的研究表明,公司治理的某些特定方面如反接管条款——遥承并验证了 Demsetz (1973) 的质疑,与特质性风险度量的股价中的公司特征性信息含量显著负相关,他们将之解释为,开放的控制权市场下更强的投资者法律保护降低了公司内部人(控制性股东和管理层)侵占其外部投资者的可能性,此时,外部投资者权益将被支持或鼓励,故更少的接管限制促进了私有信息的收集和传播(动机)与外部投资者的(知情)交易。据此逻辑,更少的接管限制对于投资决策以及管理层激励等亦有其积极意义。因为有效的资本预算是优秀公司治理的反映,适度的特质性风险与投资决策质量的显著正相关(Dur-

---

① 投资者保护与公司绩效的正向关系并非单调不变。考虑到更强的股东权利(尤其是大股东)会阻碍并购或接管的发生,故可能有损企业绩效。Cremers 等 (2005) 基于客户视角将股东权利、行业竞争结构与绩效相关联的研究表明,弱的股东权利更有利于竞争并能增进绩效,而这种关系在拥有更强股东权利的更集中行业(客户关系更长期)中更为显著,弱股权权利引致更差公司绩效的结果仅出现在非竞争行业。

nev et al.,2004a),实际上代表着公司治理与投资质量间的基本经济关系,而接管限制会巩固当前的管控,从而为低效的投资决策提供保障。通过将"治理—风险"关联纳入公司特质性风险与其投资决策质量关系的考察,Ferreira 和 Laux(2007)的研究结果强化了特质性风险作为股价信息含量的度量指标的解释力。企业的投资决策及其效率与管理层行为直接关联,给予管理层更多激励以促进其更大努力的同时,也使管理层面临更高的风险,故激励(治理)、投资、风险确实需要"两两权衡"(Décamps et al.,2011)。Panousi 和 Papanikolaou(2012)的研究关注了投资、特质性风险与所有权的关系,发现管理层的"风险观"(受其持股差异影响)显著影响"投资—风险"敏感性,管理层的风险厌恶导致了"风险—投资"的负相关,从而引致投资不足,且此负向关联在管理层持有更多(内部)股份的公司中更为显著;而当管理层拥有期权而非股份以及机构投资者比重更多时,管理层风险厌恶的这种负面效应则会弱化。

　　股价效率依赖于私有信息的获取成本及其精确程度(Morck et al.,2000;Durnev et al.,2004b;Peress,2010)。相对于分散的中小股东,大股东或机构投资者在私有信息获取成本及精确性方面具有明显优势,而这种信息优势主要体现为股票回报中的公司特征性信息含量(Piotroski and Roulstone,2004;Foucault et al.,2011;Dasgupta et al.,2011)。已有研究证实:大股东持股会增加特质性波动和知情交易的概率,并缓解股票回报的同步性,且该结果适用于公司内部和外部的大股东(Brockman and Yan,2009;Jens et al.,2005);而 Ferreira 和 Laux(2007)还发现"治理—风险"关联在那些更易被机构投资者密集交易(便于风险套利)的公司中体现得更为显著,控制权市场的开放与机构投资者知情交易的互动,在精确性和及时性方面影响着股价信息含量。然而,按照 Ferreira 和 Laux(2007)的逻辑,大股东及机构投资者持股比例的增加又可能同时强化接管限制。可见,股权结构在塑造企业的信息环境方面具有重要影响,大股东或机构投资者对于公司治理及回报波动的影响,还须结合市场竞争、行业结构等治理环境及其动态变迁,这与 Giroud 和 Mueller(2010,2011)、Guadalupe 和 Pérez - González(2010)等关于"PMC—治理"互动及其对股票回报的分别或叠加效应的相关研究一脉相承。关于特质性风险的动因、内涵及其经济后果的纵深研究,必须综合考量产品市场竞争动态以及公司治理环境差异的影响。

第3章 理论模型：产品市场的激烈竞争有损公司绩效

正如已有研究指出的那样，导致行业竞争加剧的因素很多，宏观而及全球金融危机、跨国贸易往来和一国的金融体系与行业管制政策，微观以至产品成本、技术研发及其管理水平，都会引致公司间或早或晚、或频或缓、或强或弱的竞争互动。竞争所为绩效，但并非所有的竞争都会加剧特质性回报波动，故考察产品市场竞争（PMC）的公司价值效应还须区分不同的竞争形式（Irvine and Pontiff, 2009）。产品替代性（Substitution）通常可以反映行业内公司之间竞争程度的高低，而其变化趋势也可大体模拟出公司间竞争程度变迁的走势。产品的替代性越高，公司间的竞争就更为激烈，且更容易引致所谓"恶性竞争"，如频繁的"价格战"，（产品完全同质时）消费者需求亦可实现"无成本"的转换，公司利润只能基本维持在行业均值（利润摊薄）甚至更低的水平。故更激烈的竞争往往导致公司更易出现绩效困境（如破产）以及频繁的行业/市场进退。此时，公司间市场势力（MP）的对比以及其行业竞争结构的变迁显然决定着其绩效的差异。当产品的替代程度较低甚至完全异质时，公司间的竞争将趋于缓和，在技术和管理能力等方面的创新与创造力量的良性驱动之下，甚至很可能或更容易出现公司间所谓的战略性"竞争合作"。

与产品特征（替代性等）相关联的竞争性因素，还有生产成本以及与之密切相关的技术创新含量、经营策略、投融资约束程度等，这些要素共同构成并决定着公司产品或服务的所谓"品质竞争"。融资约束是公司面对的最重要的现实约束之一，将直接决定公司产品从研发到销售获利的所有环节。基于此，本章首先引入 Irvine 和 Pontiff（2009）的模型，即其基于产品替代性而考察消费者转换成本（Product of Transportation Costs）——作为一种影响特质性回报波动的竞争形式——引致的竞争加剧进而损害公司价值的模型,该模型不考虑融资约束条件的情形,故可作为企业面临融资约束时的模型的一个基础或特例。

3.1 产品市场竞争与公司绩效:理想模型

Irvine 和 Pontiff（2009）的理论与实证研究关注产品市场竞争的加剧对于公司基本现金流及其特质性回报波动的系统关联,认为并非所有形式的竞争都会加剧公司的特质性波动,而由产品替代性大小引致的消费者产品转换成本（忠诚度）的高低可以作为市场竞争程度的一个有效度量。受 Raith（2003）的市场势力（MP）模型、Philippon（2003）的价格刚性（Price Rigidities）引致竞争加剧特质性风险的模型,以及 Agarwal、Baranth 和 Viswanathan（2004）的"需求波动—PMC"等模型的启发,Irvine 和 Pontiff（2009）构建了一个基于产品替代性而考察消费者转换成本（Product of Transportation Costs）——作为一种影响特质性回报波动的竞争形式——引致的竞争加剧进而损害公司价值的模型。

Irvine 和 Pontiff（2009）的模型假设行业内存在两家企业（同样是两阶段双头垄断模型）,即企业 1 和企业 2,其成本方程分别为：

$$C_1 = \frac{w_1}{2} q_1^2 \tag{3-1-1}$$

$$C_2 = \frac{w_2}{2} q_2^2 \tag{3-1-2}$$

式中,w_1 和 w_2 为参数,可以解释为影响生产效率（Productivity）的产品投入成本或技术创新因素,而且,假设 w 是随机的,故其可以成为影响产出过程的风险或波动的一种（外生）冲击因素（Volatility Shocks）。假设两企业的价格（需求）方程具有如下的形式：

$$p_1 = \theta - q_1 - k q_2 \tag{3-1-3}$$
$$p_2 = \theta - q_2 - k q_1 \tag{3-1-4}$$

这里的 θ,代表两企业共同面对的行业性需求冲击,参数 k 在 0 和 1 之间,

---

① Raith（2003）的产品转换成本影响公司市场势力的模型即 MP = f（产品转换成本）,认为竞争的加剧导致了公司利润的更大波动。

表示消费者对于两企业产品的替代性的认知程度。当 k = 0 时，表示无替代发生（完全异质），两企业为寡头生产商（Monopolists）；当 k > 0 时，表示企业间竞争为古诺（Cournot）竞争，每个企业的产出决策均取决于一个古诺均衡，企业间的策略性竞争互动决定了一个企业的最优产出选择须视其竞争对手的产出决策而做出；当 k = 1 时，则为标准的古诺竞争情形，即两企业产品为完全替代产品。

假设在第一阶段期初即 t = 0 时，两企业都能观察到随机需求冲击 θ 以及各自的成本投入或技术差异即 w_1 和 w_2，并在第一阶段（t = 1）基于这些已知信息而做出其最优的产出选择。

企业 1 的利润方程是：

$$\pi_1 = (\theta - q_1 - kq_2)q_1 - \frac{w_1}{2}q_1^2 \qquad (3-1-5)$$

利润最大化的一阶条件为：

$$0 = \theta - kq_2 - q_1(2 + w_1) \qquad (3-1-6)$$

则企业 1 利润最大化时的最优产出为：

$$q_1 = \frac{\theta - kq_2}{2 + w_1} \qquad (3-1-7)$$

考虑到古诺均衡的界定以及企业同构（Isomorphic）的假设（事实），则可分别得出企业 1 和企业 2 的最优化产出为：

$$q_1 = \frac{\theta(2 + w_2 - k)}{(2 + w_1)(2 + w_2) - k} \qquad (3-1-8)$$

$$q_2 = \frac{\theta(2 + w_1 - k)}{(2 + w_1)(2 + w_2) - k} \qquad (3-1-9)$$

将式（3-1-8）和式（3-1-9）代入企业 1 的利润方程式（3-1-5）即得出其最大化利润为：

$$\pi_1 = \frac{\theta^2(2 + w_2 - k)[2k^2 + (2 + w_1)(2 + w_2) - k(4 + w_1)]}{2[k - (2 + w_1)(2 + w_2)]^2} \qquad (3-1-10)$$

同理可以（对称）得出企业 2 的最优利润 π_2。由此，便可以考察随机需求冲击 θ 以及企业各自的成本投入或技术差异即 w_1 和 w_2 与企业利润的相关关系。假设这三类冲击因素相互独立，则给 θ 以及 w_1 和 w_2 分别赋值（且各值均按等概率 1/3 发生）之后①，便可以得出竞争程度参数 k 的变化与两企业的利润和销售额

---

① 这是 Irvine 和 Pontiff（2009）的做法。但也可以从式（3-1-10）利润结果方程看出其关联关系。

之间关联的相关关系：企业间正的相关性是由行业性的随机需求冲击 θ 引致的，而负的相关性则源自企业各自的产品投入价格（成本）或技术创新差异 w_1 和 w_2 的冲击；而随着行业竞争程度的增加（k 变大，产品的替代性增加），企业的利润与销售额与竞争程度 k 的相关性都在降低（负相关），即在随机需求冲击 θ 及企业产品投入成本或技术创新差异 w_1 和 w_2 影响下的行业竞争的加剧，最终会导致企业绩效的下滑。

可见，Irvine 和 Pontiff（2009）的模型结果，只是表明了市场竞争程度与公司绩效（销售额与利润）负相关的一种抽象趋势，而并未将其与行业聚散结构及公司产品市场势力强弱的影响相关联，故至少在其模型之中，也就看不出行业竞争结构的具体变迁与公司绩效间的具体关联，即"结构—竞争—绩效"影响的具体路径为何尚不能知晓——虽然在理论上可以推得；此外，Irvine 和 Pontiff（2009）的模型虽然简洁而具有一般性，但其模型的假设似乎过于"理想"——例如其信息充分或对称假设（期初即 $t=0$ 时，两企业都能观察到随机需求冲击以及各自的成本投入或技术差异即 w_1 和 w_2，并在第一阶段即 $t=1$ 基于这些已知信息而做出其最优的产出选择）；而且，其模型环境与特定的制度背景差异的结合也略显不够。故本章尝试构建一个能够区分行业竞争具体影响路径的且能进一步契合我国制度背景特征的理论模型，从而力求与下面第 4 章的理论分析能够"严丝合缝"。

3.2 产品市场竞争与公司绩效：考虑（债务）融资约束的一个拓展的现实模型

企业的价值必通过其投资与融资而得以实现，投融资的战略性竞争及其与企业经营绩效的关系是公司财务的核心战略问题。融资约束一直是企业面临的最重要的约束之一，融资决策是对公司所在产品市场竞争特征的策略性反应（Brander and Lewis，1986；Maksimovic，1988；Chevalier，1995；Showalter，1995，1999；Kovenock and Phillips，1995，1997；Wanzenried，2003；Povel and Raith，2004；MacKay and Phillips，2005；Campello，2006），即也需要在行业的竞争动态之中寻找"均衡解"；而公司间经营策略的选择——融资战略之外的视野——也须视其行业内竞争对手的策略选择而相机做出,且这正是古诺(Cournot)竞争等多种竞争博弈模型的基本逻辑。融资决策实与其产品市场竞争战略相依存,甚或已经"内化"为其产品市场竞争战略的一个重要组成部分(Chemmanur, He and Nandy, 2006; Spiegel and Tookes, 2008; Chemmanur and He, 2009; Chod and Lyandres, 2010; Butler and Cornaggia, 2011),可见,考虑公司产出(扩张)竞争投资的融资约束更符合现实,而负债融资对于公司投资行为及其经济后果具有更为显著的治理效应,故本书借鉴产品市场竞争与公司融资结构互动关系相关研究的路径与框架① (Wanzenried, 2003; Povel and Raith, 2004; Campello, 2006),构建了一个公司面临债务融资"硬约束"的"竞争—绩效"关联模型。

此外,相对于股权融资,负债融资对企业扩张性投资行为及其绩效的影响亦更为显著,从而更易为股东管理的企业所优先"悦纳";负债不但是"典型的"产品市场竞争战略,同时是有效的激励约束或公司治理机制(Brander and Lewis, 1986; Grossman and Hart, 1982; Holmstrom, 1982; Jensen and Meckling, 1976; Jensen, 1986; Aivazian et al., 2005; Firth et al., 2008; 林毅夫等, 2004; 辛清泉和林斌, 2006)②,所以,面临债务融资约束的模型可以作为企业产品市场竞争战略(如产出扩张)所依赖之融资支撑形式的一个符合现实的"特例",可以很好地模拟该书的逻辑关系③,而且可涵盖 Irvine 和 Pontiff(2009) 等的模型,使其成为书模型的一个特例或一般(理想)情形。

结合 Grossman 和 Hart(1982)、Holmstrom(1982) 及 Schmidt(1997) 等的"清算威胁假说"以及 Diamond(1984)、Dewatripent(1988)、Bolton 和 Scharfstein(1990) 等关于(内生化)债务合约设计的早期研究成果,并受 Wanzenried(2003)、Povel 和 Raith(2004) 与 Campello(2006) 等研究涉及的公司产品市场

---

① 吴昊旻,杨兴全. 产品市场竞争战略与公司债务融资选择[J]. 财经科学, 2008(3): 92-98.

② 根据负债的代理成本理论,相对于股权融资,负债融资对于无效投资(过度投资及投资不足)的治理效应更为显著,从而更易为股东管理的企业所优先采纳;而且,作为外源融资的主要形式,债务比股权亦更为普遍(融资成本更低——尤其对于规模型大企业、事前与事后的相关约束更少、加之我国的"预算软约束"使之更易于成为各类公司尤其是规模型大企业的"首选"),这可以参照我国乃至世界范围内近期的信贷超预期及其限制措施的背景。

③ 学术界将公司的产品市场竞争战略基本分为两类,即产出竞争和价格竞争,这里的分析以产出竞争为例。这里所谓的"负债支撑型产出扩张"只是公司 PMC 战略选择所依赖之融资形式的一个"特例",当然还可以选择股权融资或其充裕的内部资金支持。只不过,债务融资的约束条件较为简洁,而股东投资的成本收益考量则十分复杂,而且容易招致约束条件太多而偏离实际。故为简洁而又不失其实质(一般性)起见,本书选择外源负债的融资形式作为本书"竞争—绩效"模型中产出扩张竞争的一个约束条件。

竞争战略何以影响其融资结构的相关模型的思想启发，本书构建了一个简单的两阶段、双寡头垄断竞争模型，基于非对称信息静态博弈原理以及债务合约分析思想，借助企业"债务融资—产出投资扩张"、生产成本以及信息分布结构等相关假设，通过公司与其行业对手在产出竞争中的行为博弈分析，以期对书的逻辑关系进行理论模拟。

3.2.1 产品市场：结构与假设

考虑在一个双寡头垄断的行业竞争环境之中，两个同质的、风险中性的企业，即企业1与企业2在连续的边际成本（$MC>0$）基础上进行异质（存在替代性）产品的古诺（Cournot）产量竞争，产出分别为 q_1 和 q_2。企业的固定成本与变动生产成本均是其价格和利润的内生性影响因素。企业产出将持续两个时期（$t=1,2$），且其生产具有状态依存特征：①企业的投资受到"融资的约束"，即公司在竞争的产品市场上的扩张性投资会受出资者（如债权人）的约束。②企业受到随机的市场环境冲击影响，当外生随机冲击趋好时，对应着更高的利润水平和产出边际收益。假设外生随机冲击 z_i 服从对称区间上的一致分布，即 $z_i \in (\underline{z}, \bar{z})$ 且 $\underline{z} = -\bar{z}$。$\tilde{z}_i$ 代表随机冲击的实现值，该值只有在企业做出战略选择之后才能为市场知晓，一个更自然的解释是把 z_i 看作市场需求不确定性的表征。③在做出新的战略性选择之前，出于成本收益考量，两企业亦有可能达成"共谋"（串谋）甚或出现某方面（如负债水平、产品价格等）的"竞争性协作"。

假定产品的消费者是连续且同质的，消费者预期效用是异质产品 q_1 和 q_2 的消费量 $q=(q_1,q_2)$ 的函数。理性消费者会在其预算约束下最大化其预期效用。假设消费者对于企业 i 的产品的逆需求函数具有如下线性形式①：

$$p_i = \alpha - q_i - \gamma q_j + z_i \qquad i=1,2 \text{ 且 } i \neq j \qquad (3-2-1)$$

式中，α 代表市场/行业的规模，$\alpha>1$（确保企业选择正的负债，即能形成"负债支撑型"的产出扩张；且使之大于单位1也可简化对其影响的分析）。γ 为内生的产品特质性程度，$\gamma \in (-1,1)$，当 $\gamma>0$ 时竞争企业间的产品为战略替代

---

① 这实际上包含了 Irvine 和 Pontiff（2009）等基于产品替代性而考察消费者转换成本（Product of Transportation Costs）引致的竞争加剧损害公司价值的模型思想，只是价格方程不同，这里的 γ 实际上就是 Irvine 和 Pontiff（2009）模型中的产品替代性或竞争程度 K，而这里的 α 以及上面的市场随机冲击 Z_i 则类似于其模型中的随机需求冲击 θ，但并不等同，本书对产品市场及公司的考量更为全面（如还包括产品互补 K 为负的情形），界定更为清晰。

关系（同质性增加，特质性降低），$\gamma < 0$ 时则产品为战略互补关系（同质性降低，特质性增加）。

3.2.2　产出投资扩张的竞争博弈：结构与假设

一般而言，在市场竞争中，企业为获取竞争优势，普遍是先通过做大，并借助做大进而巩固其做强，通过产出扩张以争取更多的市场份额是企业实现做大之目标而采取的最为常见的产品市场竞争策略，许多企业的多元化战略即是如此。但投资扩张始终需要依赖充裕的资金支持，故（影响）出资人（如债权人）的选择至关重要。考虑到出资人或企业产品市场竞争战略（产出扩张投资）之融资约束的重要影响，可以假定企业融资（如举债）就是为其投资扩张目的，企业的融资（如负债）战略便与其产出扩张决策相互推动。所以，完全可以参照 Campello（2006）等关于产出市场战略与债务合约设计（"PMC – Debt"）的相关思想，构造本书的"竞争—绩效"模型，从而得到本书的"负债支撑型投资扩张"的模型与假设，即企业举债即是为其产出扩张投资，或企业为产出扩张而举债，此时，产出扩张投资的水平便可与其负债程度"相互替代"①，而企业的产出扩张便很自然地需要"肇始于"债权出资者的成本收益考量，也即企业自身的融资约束情形。

本书的古诺产出竞争假设，即肇始于出资者（如债权人）事前的成本收益考量，故仍可沿用 Diamond（1984）、Dewatripent（1988）及 Bolton 和 Scharfstein（1990）等研究关于债务合约设计思想的经典基本假设：因为企业的经营收益虽可观测，却不能被明确地写入债务合约，收益的真实实现状态是企业的私有信息。此时，考虑到管理层的利润转移动机，合约条款并不能严格依存于经营收益而设计，故为保证及时的偿付，理性的债权人将迫使企业面临有效的破产清算风险威胁，即只有当其可控资产价值（为能顺利接管企业控制权）能够严格满足其应偿借款时，债权人才愿为企业的产出投资扩张提供足够的资金支持。可见，再结合 Faure – Grimaud（2000）、Povel 和 Raith（2004）及 Campello（2006）等相关研究成果，这样的"非标准合约条款"必将依存于举债企业的产出及其收

---

① 所谓的"负债支撑型投资扩张"模型与假设，自有其合理性：首先，在理论上，可为企业投资扩张行为提供一个简单的约束条件，并有利于公司产品市场竞争博弈的分析；其次，考虑到我国的融资结构现状，上述假设亦符合企业的真实选择。而且，这样的假设也适合本书研究涉及的样本，可为考察所谓的"小公司效应"及"新上市效应"分析等提供便利。

益的实现状态。

考虑到企业的产出扩张毕竟不是小规模融资,故企业必须事先为融资提供相关信息以吸引投资者,而债权人(如银行)也能根据相关的信息收集进行自主评估,并在成本收益权衡之后提供出资支持。此时,若假设企业的净利润为 π_i,利率为 r_i①,利率 r_i 是内生决定的以满足债权人的理性约束:初始支出须等于预期收益,即有下式成立②:

$$D_i = (1-\theta)(1+r_i)D_i + \theta E(R_i) \qquad (3-2-2)$$

式中,θ 为破产风险概率,$E(R_i)$ 为企业的预期收益,无风险利率为 0。

则对于企业 i,存在一个由下面的盈亏平衡条件决定的关键冲击水平 $\hat{z}_i \in (\underline{z}, \overline{z})$,使得:

$$\pi_i - D_i(1+r_i) = 0 \qquad i = 1, 2 \text{ 且 } i \neq j \qquad (3-2-3)$$

若再假设企业的单位总成本为 C_i,则由式(3-2-1)、式(3-2-2)及式(3-2-3)可得展开的企业盈亏平衡条件约束式:

$$(\alpha - q_i - \gamma q_j + \hat{z}_i - C_i) q_i - D_i(1+r_i) = 0 \qquad i = 1, 2 \text{ 且 } i \neq j \qquad (3-2-4)$$

则由上式可知,若外生随机冲击的实现值 $\tilde{z}_i > \hat{z}_i$ 时,企业能足额偿付债务本息并有望实施产出扩张战略;而当 $\tilde{z}_i < \hat{z}_i$ 时,因收益不足偿债,企业将面临破产清算风险,资金链断裂导致其产出扩张无从谈起。准确地说,企业 i 在概率为 $\theta = (\hat{z}_i + \overline{z})/2\overline{z}$ 时被清算,在概率为 $(1-\theta) = (\overline{z} - \hat{z}_i)/2\overline{z}$ 时可存续经营并可实施其产出扩张战略。这表明,外生的关键冲击水平 $\hat{z}_i$ 越大,企业"被"破产清算的风险概率也越大;同时,市场的外生随机冲击决定了企业产出扩张投资的可行性及其获利可能性的实现概率,这显然符合现实预期。

至此,两企业产出扩张(举债)战略的信息结构和顺序可归纳如下:理性企业在扩大产出时,会优先考虑使用其可能充裕的内部现金流(支付生产成本后),所以负债决策将基于成本的考量之后做出,支持产出扩张的债务水平可能存在一个能够忍受的最高值即最优负债水平。在本书的假设中,两企业是对称的,竞争的企业会理性地将自身的战略选择作为对手产出策略及其融资选择的函

---

① 竞争的债权人市场使得所有企业在均衡时取得贷款的利率相同。
② 该式也可同时作为公司投资可行性及其获利可能的前提,即债权人的出资条件是公司新增产出决策的直接依据,故该式亦可转换为企业产出投资 I 的预期收益 ER 关于负债 D 及外生随机冲击 Z 或 θ 的方程,即 $ER = f(D, Z)$,而下面的盈亏平衡条件约束式、利润方程等则可不变。

数,即企业1的举债和产出扩张决策必然会考虑其产品市场竞争对手的可能反应:

(a) 在第一阶段期初即 $t=0$ 时,企业1与债权人达成初始债务合约,取得负债D。但此时企业2并不知道该合约的存在及其内容。

(b) 在第一阶段 $t=1$ 时,两企业同时进入产品市场竞争,随机冲击 z_i 实现。z_i 的分布、合约的存在及企业的技术条件等都是共同知识,但只有企业1确切知晓 z_i 及其自身收益的实现状况,债权人和企业2并不能确知,即两企业互不详知各自的收益状况(过程),只知道其收益是否实现(的结果)。

(c) 在第二阶段 $t=2$ 时,两企业收益实现。举债企业1是否存续取决于其具体偿债状况及合约的具体条款,而债务合约还可能会被相机调整或重新协商。

根据不完全信息静态博弈相关原理,上述博弈存在唯一的贝叶斯纳什均衡解。

3.2.3 产出选择及其均衡:简单关联与相关推论

为得到外生的关键冲击水平 $\hat{z}_i$ 与企业的产出战略、负债水平以及市场规模、产品异质程度等变量的相关关系,可对式(3-2-4)分别求偏导,简单的相关性结果如下:

企业的产出扩张战略将使其面临更大的外生随机冲击即风险水平($\partial \hat{z}_i / \partial q_i > 0$);企业的负债水平与外生的关键冲击水平同方向变化($\partial \hat{z}_i / \partial D_i > 0$),$\hat{z}_i$ 随着负债的提高而变大,企业更易陷入破产清算的困境;较高的成本水平对应着较高的破产清算风险($\partial \hat{z}_i / \partial C_i > 0$),这给忽视生产成本的产品市场竞争战略及其融资支持的理论研究和实践提供了不容忽视的证据。行业竞争对手的产出选择对企业决策的影响($\partial \hat{z}_i / \partial q_j = \gamma$)取决于其产品的特征即特质性程度:当产品战略替代时($\gamma > 0$),企业产出水平与其竞争对手的产出同方向变化;当两企业的产品战略互补时($\gamma < 0$)则反向变化;这与 $\partial^2 \hat{z}_i / \partial q_i \partial q_j = 1 - 1/q_i^2 + \gamma$ 结果一致,但战略互补时($\gamma < 0$)则不定一致。此外,市场规模 α 与关键冲击水平反向变化($\partial \hat{z}_i / \partial \alpha < 0$),即企业面临的外生风险越高,市场的规模 α 将会缩小,即需求波动等外生风险的增加,会弱化企业的产出扩张、大规模融资(如举债)以及新公司的行业进入等战略动机,进而使其(PM/SM)竞争行为更加谨慎;产品的特质性程度 γ 则与外生的关键冲击水平正相关($\partial \hat{z}_i / \partial \gamma > 0$),即外生随机冲击与同质产品引致的更激烈竞争是"互动强化"的,产品特质性的降低导致的竞争日益加剧使企业面临着更高的外生随机冲击或市场化风险;而且,外生随机冲击 z_i 增大的"结果"(外生冲击本身以及竞争的加剧互动强化的)还会使竞争企业的产品战略日益趋同,产品的日益同质不仅"恶化"企业间竞争也可能同时损害其(整体)绩效。

同理,还可得到企业净利润 π_i 关于其产出战略、负债选择 D_i 以及市场规模 α、产品异质程度 γ 等的相关性结果:净利润 π_i 与外生需求波动 z_i、市场规模 α 及自身产出水平同方向变化(一阶偏导均大于0),即正相关①;与企业的负债水平 D_i、产品差异性 γ、生产成本 C_i 以及利率 r_i 反方向变化(一阶偏导均小于0),即负相关;但同质产品引致的更激烈竞争将使企业的净利润会因竞争对手的产出增加而下降;反之则会提高($\partial \pi_i / \partial q_j = -\gamma q_i$, $\partial^2 \pi_i / \partial q_i \partial q_j = -\gamma$ 同)。上述结果均与本书的假设和现实的预期相吻合。

由于本书假设在竞争博弈的开始阶段($t=0$ 时),外生随机冲击 z_i 的分布、债务合约以及企业的技术条件等都是共同知识,但由于企业2并不知晓企业1与其债权人的合约内容,所以,产品市场竞争的参与各方将采取同步行动,即发生同步博弈,这意味着企业1或许并不能通过先于企业2的产出扩张与其负债选择而获得先发优势。以下通过几个推论来分析证明上述的博弈过程。

推论1:企业负债融资成功将引致其产出扩张动机,产品特征 γ 将通过其负债融资选择而决定企业产出扩张的战略价值或其绩效的高低②:当产品战略替代时($\gamma>0$),产出扩张将导致企业绩效下降;而当产品战略互补时($\gamma<0$),产出扩张则会增加企业绩效。

这个推论可以通过比较企业 i 在负债时即 $D_i>0$ 时(用上标加 d 表示)和完全权益融资即 $D_i=0$ 时(最初的零负债"共谋")(用上标加 nd 表示)的均衡产出及利润水平进行证明(均有 $i=1$,2 且 $i \neq j$)。

在博弈第二阶段($t=2$),企业 i 会在已有债务水平 $D_i>0$ 上最大化其股东预期价值,即:

---

① 企业净利润 π 市场规模 α 同方向变化,即市场规模 α 的增大有助于提升企业的业绩 π,但其积极作用可能存在一个"边界"而非持续的线性增强关系,这可以从下面的几个推论中分析得出(简单的相关性分析并不能概括其影响的实质)。此外,这里的市场规模 α 显然还预示着除了竞争主体的参与数量 N 之外的其他含义或来源,例如行业的结构优势以及公司的市场势力(MP)等更能反映市场竞争的"参与质量"、更能提升市场的"质量化"规模的方面。

② 也从而决定了公司负债融资的战略价值(可相等同),"负债支撑型产出扩张投资"使得债权人的利益与公司的产出扩张战略及其价值实现直接相关,这其实也正是债务融资的"硬约束"效应的体现,但并不失其一般性。

$$\max_{q_i} E[V_i(q_i, q_j)] = \int_{\hat{z}_i}^{\bar{z}} [R_i(q_i, q_j, z_i) - D_i(1 + r_i)] f(z_i) dz_i + \int_{-\bar{z}}^{\hat{z}_i} 0 dz_i$$

$$= \int_{\hat{z}_i}^{\bar{z}} [(\alpha - q_i - \gamma q_j + z_i - C_i) q_i - D_i(1+r_i)] \frac{1}{2\bar{z}} dz_i \quad (3-2-5)$$

由于股东只有在企业 i 第二阶段不被清算即仅当 $\tilde{z}_i > \hat{z}_i$ 时才拥有剩余索取权，所以上式中第二项为零。给定盈亏平衡条件约束式（3-2-4），对 q_i 求偏导并令之等于零，可得到企业 i 的产出反应函数和产量水平：

$$q_i(q_j, \hat{z}_i) = \frac{1}{4}\bar{z} + \frac{1}{2}\alpha - \frac{1}{2}\gamma q_j - \frac{1}{2} C_i + \frac{1}{4}\hat{z}_i(q_i) \quad (3-2-6)$$

$$q_i(\hat{z}_i, \hat{z}_j) = \frac{1}{2} \frac{[2\hat{z}_i - \gamma \hat{z}_j + (\bar{z} + 2\alpha)(2-\gamma) + 2\gamma C_j - 4C_i]}{4 - \gamma^2} \quad (3-2-7)$$

上式表明，企业的产出依赖于外生关键冲击水平 $\hat{z}_i$。将 $q_i(\hat{z}_i, \hat{z}_j)$ 代入第一阶段目标函数，即股东管理的企业在已有负债选择下的最大化预期收益函数，即式（3-2-8），并对 $\hat{z}_i$ 求偏导，就可得到最优关键冲击水平 $\hat{z}_i^*$，以及均衡时的最优的企业产出扩张水平及其预期收益：

$$\max_{\hat{z}_i} E[\pi_i(\hat{z}_i, \hat{z}_j)] = \int_{-\bar{z}}^{\bar{z}} \{[\alpha - q_i(\hat{z}_i, \hat{z}_j) - \gamma q_j(\hat{z}_i, \hat{z}_j) + z_i - C_i] q_i(\hat{z}_i, \hat{z}_j)\} \frac{1}{2\bar{z}} dz_i$$

$$(3-2-8)$$

$$\hat{z}_i^* = \frac{4(2+\gamma)(\alpha - C_i)}{-\gamma^2 + 2\gamma + 4} - (2\alpha + \bar{z}) \quad (3-2-9)$$

$$q_i^{*d} = \frac{2\alpha + 2C_i}{-\gamma^2 + 2\gamma + 4} \quad (3-2-10)$$

$$E[\pi_{i*d}] = -\left[(1+\gamma) q_i^{*d} + \bar{z} + \alpha - \frac{(\gamma^2 + 6\gamma + 12) C_i}{(-\gamma^2 + 2\gamma + 4)}\right] q_i^{*d} \quad (3-2-11)$$

再将 $\hat{z}_i^*$ 和 q_i^{*d} 即式（3-2-9）和式（3-2-10）代入上面的盈亏平衡条件约束式（3-2-4），即可得到关于利息率 r_i 的企业负债函数——见附件 A-1 的公式。由式（3-2-5）和式（3-2-6）还可得到 $D_i = 0$（$z_i = 0$）时的企业产出反应函数、均衡产出和预期的收益，即：

$$q_i(q_j) = \frac{1}{2}\alpha - \frac{1}{2} q_j \gamma - \frac{1}{2} C_i \quad (3-2-12)$$

$$q_i^{*nd} = \frac{\alpha}{\gamma + 2} \quad (3-2-13)$$

$$E[\pi_{i^*nd}] = \frac{\alpha^2}{(\gamma+2)^2} \qquad (3-2-14)$$

此时，便可对照企业负债即 $D_i>0$ 时的均衡产出 q_i^{*d} 和预期收益 $E(\pi_{i^*d})$ 与其不负债即 $D_i=0$ 时的产出市场效应：对比 (3-2-6) 和式 (3-2-12) 可见，负债并未改变产出反应函数的斜率，但将截距提高了 $\frac{1}{4}(\bar{z}+\hat{z}_i)$，这意味着产出反应曲线的向外、向上移动，即对企业 i 来说，对于每一个 q_j，增加产量将是最优的——因为企业偏离最初的零负债"共谋"后的均衡产出和收益都增加了（$q_i^{*d} \geq q_i^{*nd}$，$E(\pi_{i^*d}) > E(\pi_{i^*nd})$），即产出的扩张有利可图。

可见，企业举债具有纯战略动机：负债融资行为表达着企业 i 在产出市场竞争阶段的进攻性战略承诺，并在"结果上"（互为因果）致使其竞争对手在战略替代（互补）情况下减少（增加）产出，非理性的竞争因此得以弱化，举债企业 i 的预期利润亦从而得以提高；（负债）融资选择也因此成为企业最为"典型"的产品市场竞争（PMC）战略之一。这不仅与前面的一阶预期和二阶预期相一致，也与 Brander 和 Lewis（1986）、Showalter（1995）、Kovenock 和 Phillips（1995）以及 Wanzenried（2003）、Povel 和 Raith（2004）、Campello（2006）等关于负债融资的产品市场竞争（PMC）效应即其战略价值的相关研究结论潜在一致①。由于有限责任效应，代表股东的企业管理层往往只考虑能给其带来净剩余的相对较好的需求状态 z_i，所以，企业的举债选择自然引致其产出的扩张动机。但由于竞争对手在不知道企业 i 的债务合约条件下会采取同步行动，即两企业可能执行同样的产出扩张和负债融资战略，故与完全权益融资（$D_i=0$）的情形（产出低）相比，同步博弈均衡便呈现出"产出过度"的特征（$q_i^{*d} \geq q_i^{*nd}$），故可以预见，同质产品（$\gamma>0$）的更激烈竞争势必将有损竞争双方的业绩，而异质产品（$\gamma<0$）的竞争则能惠及双方：产品价格会因竞争对手的产出增加而提高——此时，由于需求不确定性"消失"，或更准确地说，外生随机冲击在融资选择之前已被企业有效"规避或化解"（z_i 是共同知识，$z_i=0$），异质产品竞争的不同类型企业便能因此得以准确地"量入为出"，举债的策略性动机因此弱化，激化竞争的策略性掠夺行为也因而显著减少，进而使行业竞争日渐理性并趋于"合作性竞争"。

---

① 负债与零负债的博弈均衡结果的对比也可同时表明，不同类型或异质性（如规模、市场势力 MP、产品技术含量等）企业在实施其产品市场竞争战略（如产出扩张）时所面临的融资选择的重要影响，以及将融资约束差异作为企业产出市场投融资决策的一个（种）关键的环境约束条件的合理性和必要性所在。

由推论 1 还可以延伸得出与企业举债相关的推论 1a 以及推论 1b，可称之为与企业产出竞争模型相关的两个"负债融资子推论"，即考察支撑企业产出扩张投资的举债行为如何受其产品市场竞争特征（产品差异）的影响——详见本书的附件 A-2。由推论 1a 可知，企业产品的异质程度 γ 可以作为企业间潜在竞争强度的表征，并进而显著影响着企业产出市场的投融资决策，产品替代性越高即 γ 越大，产品市场的竞争就越激烈，而企业的产出竞争战略及其负债选择就（应）更其慎重。从推论 1 可知，第二阶段的高产出是由第一阶段的高杠杆决定的，而企业的举债往往与其产品市场竞争战略如产出扩张的实施"相为表里"。当产品替代程度较低时（γ 减小），企业间竞争相对弱化，两企业提高产出可以增加收益（至少不会使其收益下降），提高产出将是最优选择。由附件 A-1 的公式可知，当 $\gamma \geq 0$ 时，企业均衡（最优）负债水平 D_i^* 将随着 $|\gamma|$ 的增大而提高——这是因为，本来应该促使企业减少负债的产品替代性提高（企业间竞争增强时举债应更谨慎）的效应却被另外一种效应所"超越"：产品同质性的提高（γ 增大）导致企业间竞争加剧并诱使其竞争行为更趋激进（如增加产出），从而引致较高的杠杆水平，举债便成为企业参与产品市场竞争的一种有效的"战略承诺"或"势力威慑"，并可有效地起到缓和或弱化行业竞争的"间接效应"①。可见，企业的产品市场竞争（如产品特质性）战略与其杠杆选择存在着一种非单调的互动关系，即呈现"U 形"的轨迹，并与推论 1 中企业产出扩张（举债）与其战略价值或利润的"倒 U 形"关系刚好"反向"吻合，产品高度替代时（$\gamma > 0$ 且不断增大）的产出扩张或举债战略应该更加谨慎。这与 Pandey（2002）、Campello（2006）等关于债务融资与产品市场竞争战略（产品替代性）非单调互动的相关研究结果亦相一致。

产品的特征 γ 除可反映企业间差异及其竞争互动程度之外，也决定了企业所处市场的特征即其行业的差异，因此也"决定着"不同行业内企业面临的外部随机冲击水平 z_i 的差异。上述分析限于同一行业，故有必要关注行业间差异即市场整体需求状况在决定企业的产品市场战略（负债选择）与外生随机冲击水平 z_i 时的特定影响。与产品差异 γ 对企业竞争行为影响的方向一致，与行业差异相关的企业产品需求的波动（预期）应该与企业的产出扩张或其负债水平同方向变

---

① 即通过举债而显示其产品市场势力（MP）的"信号"，进而威慑其竞争对手的激进行为（如策略性掠夺）甚或新的竞争对手的行业进入。

化，从而又可得到推论 1b（见附件 A-2）。由于 $\partial D_i^*/\partial \bar{z} > 0$，所以，外生的行业性需求波动 $\bar{z}_i$ 越大，股东管理的企业的竞争行为会越激进（因有限责任效应），企业产出扩张的动机将引致其负债水平的显著提高。这与产品差异程度 γ 对企业产出竞争行为的影响以及前面的一阶分析（$\partial \hat{z}_i/\partial D_i > 0, \partial \pi_i/\partial z_i > 0$）相一致。此时，由于可能的内部现金流压力（主要支付生产成本 C_i）和外生随机冲击的共同影响，企业将更易陷入"被"破产清算的困境——债权人的"硬约束"也会因此而加剧外生随机冲击的影响程度①。因此，股东管理的企业必须在适度负债以降低风险、与产出扩张以增加利润之间做出审慎合理的权衡，而适度举债的负债竞争战略——作为其产出市场竞争的战略性选择——必然导致上述关系呈现非单调的特征，即呈倒"U"形的轨迹，这与推论 1a 的分析（但轨迹相反）以及 Pandey (2002)、Campello (2006) 等的相关研究结果相一致。

企业面临的"被"破产清算的风险概率与其负债水平直接相关，债权人伺"机"（企业的生产成本及其外生随机冲击等信息）而动的"硬约束"风险会加剧企业面临的总体风险水平。此时——在推论 1 以及附件 A-2 里的推论 1a 和推论 1b 之后，再将企业的产出扩张动机及其举债水平决定的（破产）风险概率与竞争企业之间的产品差异程度 γ 相联系，又可以得到后面的推论 3。

推论 2：生产成本 C_i 对企业的产出扩张（举债）战略及其利润具有重要影响。该影响同样依赖于产品的特征：生产成本 C_i 与均衡产出水平 q_i^{*d} 呈反方向变化，当产品战略替代 $\gamma > 0$ 时，成本反而更高；而当产品战略互补 $\gamma < 0$ 时，成本则趋于降低。

该结果由式（3-2-9）、式（3-2-10）得出生产成本关于均衡产出 q_i^{*d} 和产品差异度 γ 的关系式之后便可得到证明（此略）。企业生产成本 C_i 与外生关键冲击 $\hat{z}_i^*$ 呈同方向变化，较高的成本水平对应着更高破产风险。生产成本一般随产出的增加而增加，但其与均衡产出 q_i^{*d} 的关系则取决于产品的异质程度 γ、外生随机需求 $\bar{z}$ 等变量的影响。实际上，这符合同质产品的更激烈竞争使得其单位成本反而比互补产品（竞争弱化并日趋理性）时更高的现实预期。该结论与 Povel 和 Raith (2004) 基于融资约束、内部盈余及生产成本影响与企业产品市场

---

① 由前文产出扩张（举债）战略的博弈信息结构可知，负债的"硬约束"风险与外生随机冲击也表现出"互动强化"的特征，这与前文的相关性分析中外生随机冲击与同质产品引致的更激烈竞争"互动强化"的结论，以及产出负债竞争的战略性动机潜在一致。

第3章 理论模型：产品市场的激烈竞争有损公司绩效

竞争战略互动关系的研究结论①完全一致，并可与其模型预期一起，为深入考量生产成本动态影响的公司间理性竞争战略提供了理论依据。

此外，如果将企业生产成本的降低归功于技术创新或所谓理性（合作）竞争的推动，那么，这里的产品市场竞争加剧（产品战略替代 $\gamma > 0$ 时）导致的（生产）成本的激增进而损害公司绩效的推论，就与 Novy-Marx（2009）、Irvine 和 Pontiff（2009）、Hoberg 和 Phillips（2010）及 Haw 等（2008）等研究所谓的"竞争的加剧会弱化甚或破坏企业间的竞争协作"的实证结论相一致②，并且与前文提及的战略管理理论的最新进展即强调竞争合作的"战略联盟理论"或发展出"新的循环"以超越行业狭隘竞争范畴的"商业生态系统"等理念亦可"不谋而合"。可见，过于激烈的竞争并不利于企业（生产）成本的有效降低，竞争的加剧不但会造成（生产）成本的更大"虚耗甚或（行业）内耗"，而且会使其更加游离于企业"非生产"的方面，进而显著地阻碍公司合理的市场势力（MP）即其竞争优势的培育③，并最终造成行业/公司效率的显著束缚（Demsetz，1973；Novy-Marx，2009；Irine and Pontiff，2009）。

推论3：企业因产出扩张战略动机而举债导致的清算风险概率 0，在产品战略替代（$\gamma \geq 0$）时随着 γ 的增大而增大；在产品战略互补（$\gamma < 0$）时随着 γ 的减小而减小，即亦呈现非单调的关系。

与推论1a和推论1b一样，这里的推论3也是推论1的延伸，即同样考察支撑企业产出扩张投资的负债行为如何受其产品市场竞争特征（产品差异）的影响，但作为此时企业面临的重要的"外生性"风险之一（债权人的外部硬约束造成的），为更切实地考量企业的产出扩张或其举债而引致的相关的互动效应起见，本书将其作为一个重要的推论"单独列示"。与推论1b相一致，企业的产出扩张战略动机及其负债选择无疑会影响产品市场的竞争及其结构，并同时加剧其

---

① Povel 和 Raith（2004）的模型分析指出，一个具有成本优势的企业更易扩大市场份额并增加其利润。而成本的降低显然可以"归咎于"异质产品的竞争（因技术、服务等）以及其他促成企业间有差异的竞争的多种影响因素（Irvine and Pontiff，2009）——如既有规模等不同来源的市场势力（MP）等。

② 由于竞争压力会自然地促使公司的市场份额等于其资本的边际价值，故行业的均衡（Industry's Organization）取决于公司的相对产出效率，也就是说，行业的均衡状态（Equilibrium Organization）是公司间相对的单位经营成本的结果（Ghemawat and Nalebuff，1985），竞争压力还会对行业的参与造成效率约束或可为行业的规模或结构设定效率边界。

③ 公司市场势力具有不同的制度渊源：可以来自其产品技术的优势、战略管理水平及政府管制的便利等，并进而形成规模、市场份额、技术创新、生产成本及融资等方面的竞争优势。这也正是实证检验的重点。

面临的市场化风险（包括因负债过高而"被"清算的风险 θ），又进而加剧了企业产品的需求波动及其预期，即呈同方向变化。由于债权人理性，一旦收益不足偿债即当 $\tilde{z}_i < \hat{z}_i^*$ 时，企业就将面临"被"清算的风险。用式（3-2-9）的 $\hat{z}_i^*$ 替换破产概率 $\theta = (\hat{z}_i + \bar{z})/2\bar{z}$ 中的 $\hat{z}_i$ 即可得到与产品异质程度 γ 相关的、企业因其产品市场竞争（PMC）战略（包括其负债）失误而引致的"被"清算的风险概率：

$$\theta_i = \frac{\alpha \gamma^2}{\bar{z}(-\gamma^2 + 2\gamma + 4)} \quad (3-2-15)$$

对上式求 γ 的偏导，便可得出其相关关系：即企业的清算风险概率在 $\gamma > 0$ 时与之正相关，在 $\gamma < 0$ 时则与之负相关，也呈现出一种非单调的关系（"U形"）。产品的特质性程度 γ 的变化趋势对于企业的（破产）风险概率似具有"特殊"影响：当产品高度替代时（$\gamma \geq 0$ 且渐近于1），企业面临的（破产）风险最高；但在产品高度互补时（$\gamma < 0$ 且渐近于 -1）该风险也依然很高。这个结果具有重要的"战略价值"，并更应该为企业的管理层所重视。

其一，企业在收益"独立而丰厚"之时（产品互补，竞争较弱）也应警惕其潜在的高清算风险——产品高度互补时，企业往往会更轻易地忽视潜在的竞争，举债的战略性动机因而弱化，并往往认为企业不会存在被清算的可能，因此，在利润驱使之下的产出扩张动机及其在"浑然不觉"之中悄然增加的负债水平，便往往更轻易地招致了渐高的清算风险。这与前面的二阶预期 $\partial^2 \hat{z}_i / \partial q_i \partial q_j = 1 - 1/q_i^2 + \gamma$ 在战略互补时（$\gamma < 0$）正负关系不定的结论亦相暗合。

其二，似更重要，上述结果显然还表明：企业的产品市场竞争（产品特质性）战略在其"两个极端"即产品高度替代（$\gamma \geq 0$ 且渐近于1）和产品高度互补（$\gamma < 0$ 且渐近于 -1）时，企业之间"竞争合作"的动机亦趋于最弱，即高度竞争之下（完全竞争）的完全不可能合作（$\gamma \geq 0$ 且渐近于1）以及"不存在"竞争（完全各自垄断）时的完全无必要合作（$\gamma < 0$ 且渐近于 -1）的所谓"理想情形"①，均不利于企业之间的优势竞争及其战略协作，竞争不能没有但应该适度，适度的竞争（即容忍垄断）有利于促进企业间理性的竞争协作，并能进

---

① 产品高度替代时企业间竞争最为激烈，企业很难进行战略合作；而产品高度互补时企业间几乎不存在所谓的竞争，企业似乎又不屑于合作，即均会认为无合作的必要或不存在合作的基础，企业往往处于相互封闭的空间里"单干"。单个企业的"有限理性"，显然不利于创新创造和产品技术的研发合作乃至整个行业/产业的升级换代。

而有效地促成基于产品技术含量和企业管理理念等方面创新与创造的良性竞争氛围,最终有利于企业绩效以及整个行业乃至一国经济发展水平的提升。这与前面的推论2(即"成本推论")及其"子推论"(附件A-2的推论1a和推论1b),以及 Demsetz(1973)、Novy-Marx(2009)、Irvine 和 Pontiff(2009)、Hoberg 和 Phillips(2010)和 Haw 等(2008)等的结论一致。可见,行业竞争的加剧(或产品高度互补时的几乎没有竞争)导致的企业间竞争协作动机的显著弱化以及(生产)成本的"激增",很可能是导致企业收益波动日增(如清算风险走高)进而引致公司绩效显著下滑的最主要原因,而弱化竞争并容忍适度的"垄断"不但有助于降低成本,也有利于企业乃至行业整体绩效的有效提升。

其三,企业的清算风险概率在 $\gamma>0$ 时与之正相关,在 $\gamma<0$ 时负相关,则此时考察市场规模 α($\alpha>1$)对于企业(清算困境)风险的影响便可知:在产品战略替代即 $\gamma>0$ 时,行业内竞争企业的数量激增(或行业总产出的增加)将使得市场的(数量)规模日益增大,行业竞争日益加剧,企业因此面临着更高的困境风险——竞争企业间的策略性互动甚至"掠夺"将日益加剧;在产品战略互补即 $\gamma<0$ 时,由于同质竞争的企业数量大幅减少,企业的产出扩张及其负债战略等更少受到竞争对手间的策略性互动甚或相互"掠夺"的影响,从而使得市场的(数量与质量)规模可以大体保持在"理性竞争"的均衡水平,市场(数量)规模的"缩小"(同质的竞争主体的数量减少)便使企业的(破产)困境风险随着激烈竞争的弱化而趋于显著地降低。可见,要有效"规避"企业的困境风险并保障其绩效的最大化实现,还须保持其行业(内)竞争企业的"数量的均衡",且该均衡是上述"理性竞争"(结构均衡)的一个重要前提(数量决定结构);而市场规模的"非理性扩张"导致的竞争加剧则会破坏企业绩效最大化实现的"获利结构或模式",也从而使更集中的行业"无从发挥"其更为显著的"结构优势"[①]。这不仅与上文的分析一致,亦与战略管理、产业组织(SCP范式)以及"创造性破坏"等的理论预期相暗合。

当然,这里的市场规模 α 显然还有"其他的来源",即市场规模 α 的变化不只是竞争主体的参与数量导致的,还可能受到行业竞争主体的"参与质量"的影响,故竞争企业自身的规模(Size)、市场份额(Share)、技术创新水平

---

① (同质)竞争主体不断增加,但行业/市场的整体绩效却在降低,即此时的市场规模及其企业间竞争"只有数量,没有质量",更有"质量"的竞争参与及其结构优势(异质性竞争主体以及优势企业的增加)往往对应着显著更高的行业/企业绩效。

（R&D）及其管理理念，甚或其政治关联（Political Connections）等的差异及其相互对比——从而形成不同的产品市场竞争优势——也会显著影响行业/市场的规模α。这其实也正是本书关注企业的产品市场竞争优势——行业的竞争结构与公司的产品市场势力（MP）——及其制度渊源之显著影响的目的所在。

此时，上述模型中的市场规模α显然与企业不同的产品市场优势（MP）及其所在行业的竞争结构密切关联①，但模型里的分析似乎只是考量了行业内竞争企业的数量（N）决定之下的竞争程度差异及其影响的结果，对于行业的竞争结构（S）影响则未设计专门的参数予以量化。然而，由产业经济学的SCP范式等理论逻辑可知，这样的"数量影响"其实就是"结构影响"②，但只有数量（N）的"减少"或竞争质量的提升才能更有效地映照出所谓的行业/市场规模的"结构化优势"，并进而得以保障市场竞争的"质量化规模"。考虑到外生随机冲击始终有$z_i>0$，故这里的结果就与推论1前的简单相关性分析（$\partial \hat{z}_i/\partial \alpha <0;\partial \hat{z}_i/\partial \gamma >0$）完全一致。

3.3 激烈的产品市场竞争有损公司/行业绩效

本书借鉴Bolton和Scharfstein（1990）、Wanzenried（2003）以及Povel和Raith（2004）和Campello（2006）等关于公司产品市场竞争战略与其融资选择互动关系的理论研究的模型思想，基于一个双寡头垄断的产出市场竞争模型，在Irvine和Pontiff（2009）、Novy-Marx（2009）等的"无融资约束"的成本模型（其相同点在于都以产品的相似程度作为竞争程度的替代）、Hoberg和Phillips（2010）与Aguerrevere（2009）等的"行业（周期）变迁风险"模型——同样未考虑融资约束，以及Peress（2010）与Tooks（2008）等基于行为金融逻辑（内部人交易影响）的模型"之外"，增加了企业的产品市场竞争战略（产出扩张）

---

① 但其变化趋势并不一致：公司市场势力或行业结构的优势并不一定对应着市场的"数量化规模"。
② 行业或市场中的参与主体的数量N决定其竞争的结构S，故"数量决定"与"结构影响"的逻辑及其结果其实是一致的，竞争主体的参与数量和企业的产品市场竞争优势（行业结构与公司市场势力MP）即"参与质量"导致的、市场规模α的变化（趋势）可能各异，但其对于企业/行业绩效的影响（结果）其实是一致的。故不需要一一将之模型化，亦可以一并放在后文的实证检验之中予以验证。

面临负债融资 D_i 的"硬约束"的现实情形,并在此基础之上全面考量了需求波动 z_i、市场规模 α 等外生随机冲击以及产品特质性程度 γ、生产成本 C_i 等企业内生影响因素与企业/行业绩效(π_i,θ_i)的关联规律。理论研究发现:作为产品市场竞争程度的有效度量,产品的特质性程度 γ 与市场的规模 α 对于企业绩效的影响显著,很多因素正是通过它们直接或间接地决定着公司的产品市场绩效(PMP)以及负债融资的战略价值①;而且,非单调相关(U形或倒U形轨迹)的主流结果刚好印证了本书关于产品市场的适度竞争或垄断有助于公司绩效提升的预期。

可以说,本书的模型从一个"新的角度"进一步印证了"激烈的竞争有损公司/行业绩效"的命题,而归结其原因则在于:行业竞争的加剧(或产品高度互补时的几乎没有竞争)会导致企业间竞争协作动机的显著弱化以及(生产)成本的"激增";而且,这很可能就是导致企业收益波动(预期)的日益增加——在负债支撑的模式之下还同时表现为破产风险 θ_i 的走高——进而引发公司/行业绩效显著下滑的最主要原因。

可见,弱化竞争并容忍适度的"垄断",不但有助于降低企业的(生产)成本,亦有利于企业乃至行业整体绩效以及一国经济发展水平(如技术创新与产业升级)的有效提升。模型的结果同时还预示着,要有效"规避"企业的困境风险并保障其绩效的最大化实现,必须保持其行业(内)竞争企业或市场规模 α 的"数量的均衡",且该均衡是上述"理性竞争"(结构均衡)的一个重要前提,因为"数量决定结构",行业/市场规模的"结构化优势"——体现为市场竞争的"质量化规模"——的有效发挥很可能存在着一个竞争企业市场参与的"数量边界";而市场规模 α 的"非理性扩张"——同质(或趋于同质的)竞争企业的数量增加——导致的竞争加剧会显著地破坏企业绩效最大化实现的"获利结构或模式",从而使得相对集中的行业或市场"无从发挥"其更显著的"结构化优势"。

这不仅与企业战略管理、产业组织(SCP 范式)以及"创造性破坏"等的

---

① 直观的结论有:其一,负债选择与企业的产品市场竞争(PMC)及其绩效实现密切关联,且与其市场竞争战略一起受到外生的随机冲击与市场规模以及企业内生的产品差异和生产成本等因素的综合影响;其二,产品异质程度与公司间竞争强度、负债选择的非单调结果,为公司理性竞争及其战略管理理念提供重要启示,公司间市场份额的竞争取决于其产品品质的竞争,应倡导基于产品品质创新的理性竞争氛围,这不但可为其创造更多有利的增长机会,也会有效遏制同质公司之间盲目或恶性竞争导致其寿命普遍偏短的现状。

逻辑分析相暗合，亦与 Demsetz（1973）、Novy - Marx（2009）、Irvine 和 Pontiff（2009）、Hoberg 和 Phillips（2010）以及 Haw 等（2008）等的理论预期及其实证结果相一致。

附件 A - 1：均衡（最优）负债水平

承接之前的分析，再将 $\hat{z}_i^*$ 和 q_i^{*d} 即式（3 - 1 - 9）和式（3 - 1 - 10）代入文中的盈亏平衡条件约束式（3 - 1 - 4），即可得到关于利息率 r_i 的企业负债函数：

$$D_i(r_i) = \frac{2(\alpha + C_i)[(\gamma^2 + 2)\alpha - (-\gamma^2 + 2\gamma + 4)\bar{z} - (10 + 6\gamma)C_i]}{(-\gamma^2 + 2\gamma + 4)^2(1 + r_i)}$$

结合破产概率与随机冲击分布以及市场规模的关系式 [即式（3 - 2 - 10）]，以及债权人理性约束式（3 - 2 - 2），就可得到企业的均衡（最优）负债水平 $D_i(r_i^*) = D_i^*$（略）。

附件 A - 2："负债融资子推论"

推论 1a：产品异质程度 γ 反映着企业间潜在竞争的作用强度，并进而影响其产出市场的投融资决策。当 $\gamma \geq 0$（产品战略替代）时，企业的负债水平随着 $|\gamma|$ 的增大而提高；当 $\gamma < 0$（产品战略互补）时，企业的负债水平则随着 $|\gamma|$ 的减小而同向降低。

推论 1b：企业的举债行为（负债竞争策略）作为其产出市场竞争的战略选择，与其面临的行业性需求波动 z_i 相关联，外生行业性需求波动程度 z_i 与企业的（产出扩张）负债水平同方向变化，但呈现非单调关系。

第4章 制度背景、理论分析与研究假说

围绕绪论中提出的两种趋势（现象）及其质疑，本书认为，无论从微观层面还是宏观层面，公司间竞争的失度或行业竞争结构的失衡导致的低效竞争都应归咎于其弱化的公司治理结构及其所在制度/治理环境的相对滞后，更好的公司治理对应着更高的投资决策质量与竞争绩效，公司治理（环境）可以为产品市场竞争何以加剧及其引致的经济后果提供可信解释和有效约束。然而，若要给竞争设置一个合理的"度"，不能诉诸甚或回归到"计划经济"或所谓高效"政府干预"的老路①，必须依赖健全的制度或完善的治理环境，即必须寻求"政策之外"的治理路径，这正是发达市场经济国家的科学实践和成功经验。

更好的治理环境可以为市场竞争设置一个"效率边界"②，过犹不及，在此区间外，过度的竞争或垄断都是低效甚至无效的，无益于提升公司及产业绩效。完善的公司治理环境及其对应的适度的产品市场竞争，能有效缓解风险与回报的显著背离。下文结合中国制度背景，对产品市场竞争何以加剧及其引致的显著特质性波动的有效治理等，予以理论分析并提出可检验的命题及其具体假设。

---

① 2008年金融危机后，国企的做大虽得益于其应对危机的有效举措（如现金为王），但在新时期中央持续重视和推动经济战略性调整和优化产业结构的诸多新政背景下，国企的日渐做大却似乎与新政的治理导向相抵触。面对质疑，是回归继续扶持国企的"政策之道"（干预/管制导向）还是坚持市场化的"治理之道"（制度/治理导向），党的十八大及2013年中央经济工作会议似乎开始倾向后者，但其效果还需拭目以待。

② 激烈的竞争有助于优胜劣汰，但"过犹不及"，故这里的"边界"是指一个动态"最优区间"，而非单指某个最优点；在此区间内，"公司治理—竞争效率"类似倒U形相关，其效率关联保持着动态"最优"，即效率损失接近最小化。行业的适度竞争必然存在效率边界，即此时的竞争更加注重竞争的效率而非形式。

4.1 低效的竞争源于弱化的公司治理（环境）

受政策及投机行为等影响，中国上市公司的行业集中度波动较大且总体偏低，呈现出低效的竞争与低效的垄断并存、行业结构普遍分散但微显优化集中趋势三大基本态势，激烈的竞争导致了股票特质性风险或其回报波动的持续增加以及风险与回报的显著背离（吴昊旻等，2012）。究其根源，国有企业的大而不强、行业的行政性管制（于良春和张伟，2010）以及"新36条"等新政的"执行尴尬"等"体制困境"仍然是其主因；而且，若行业的"优化"集中趋势确实主要源于国企的日益做大，则这样的行业"优化"集中并非公众所乐见，亦与新政导向之预期相左。实际上，弱法制环境下中国企业的大而不强、"掏空"等代理问题严重（林毅夫和李志赟，2004；Allen et al.，2005；Jiang et al.，2010）、价值创造能力持续偏弱以及绩效波动显著（吴昊旻等，2012）等现状正是这种"体制性困境"的直接后果。那么，中国公司的产品市场竞争何以加剧？是否也像美国等发达国家一样，应该归咎于权益融资成本的降低（Fama and French，2004）、行业管制放松以及全球化/跨国竞争呢（Gaspar and Massa，2006；Irvine and Pontiff，2009；Peress，2010）？国企的做大与产品市场竞争加剧的关联何在？而国企日益做大和竞争加剧的根本原因又是不是因为公司治理（环境）的弱化呢？

4.1.1 市场结构变迁引致竞争效率差异

产品市场竞争（PMC）的影响因素及其经济后果，既要在行业整体变迁并扩及其制度背景的宏观层面予以考察，又须落实在具体的公司特征差异及其引致的公司间竞争互动的微观层面，故考量其影响效应，应从行业的聚散结构及其市场竞争强度两大维度展开。产业组织和市场结构理论可为中国以国企为主体的上市公司竞争乃至以国有经济为主导的行业竞争格局提供有力解释。与主流的价格理论推论基本一致，无论是传统的"结构主义"还是"芝加哥"学派，均强调不同的市场结构会导致不同的厂商定价和非价格行为，进而导致不同的经济效率。垄断并非只是导致福利损失，而分散竞争也不等同于效率，竞争和效率的权衡成为传统"结构—绩效"（SCP）范式与新兴的"效率—结构"逻辑的争议焦点所在。作为产业组织理论的发展，市场结构理论将决定绩效的因素归结为三类：即"结构—绩效""相对市场力量"（RMP）及"效率—结构"（ES）范式。前两类统称为市场势力假说（MP），其核心是更集中行业结构下的公司市场势力决定其绩效的高低，即相对市场份额更高、产品差异更大的企业可凭借其显著的市场势力获取更高的利润（徐忠等，2009）；而"效率—结构"范式则认为是企业间的效率差异——技术与管理水平（X—效率理论）或不同的规模优势（规模效益理论）——导致了市场结构及其获利能力差异（陆毅等，2010）。可见，行业结构的集中甚或垄断也可能是市场竞争的自然结果（张五常，1999），而效率才是判断行业结构优劣或竞争质量高低的关键（Demsetz，1973）。

4.1.2 国企（有）主导的"畸形"行业竞争结构

此时——回应上述疑问，中国的国企改革和产业结构的逐步调整虽使国企的数量明显减少，但对比其绩效水平，国企的"逆危机成长"和日益做大很可能是导致行业结构微显"优化"集中的主要原因或背景；而且，更为重要的是，诸多行业内的"国企独大"① 很可能会导致行业内众多中小企业间更为激烈、无序或"争宠式"（如构建政治关联或"寻租"）的竞争②，这种低效的竞争显然无益于公司及行业绩效的提升，本书认为，其渊源正是产权歧视之固有背景下的

---

① "国企独大"并不等同于国有股"一股独大"。在中国企业尤其是上市公司普遍热衷于构建政治关联等现实背景下，本书认为，前者似更具代表性和解释力，即更能在企业整体及其所处行业的系统层面上综合反映行业的竞争结构差异，而后者则更侧重企业内部的股权结构。

② "寻租"行为经常是高度竞争的（Krueger，1974），竞争方式往往具有"传染/模仿效应"，众多（中小）企业对于其市场势力的争取和巩固甚或对垄断优势的追求，必将更加依赖政府的直接赋予或政企间的"相互寻租"（如构建政治关联等），而凭借自然竞争获取和创造优势的市场化导向将被日渐淡忘；而那些既有规模较大（如国企）以及市场地位业已凸显的公司（如大型民企），则都会因为更受政府的"青睐"而逐渐转变为更强大的行政性垄断公司。可以预见，诸多民企将在实质上日益退变为"类国企"；而在转型经济背景之下，如同规模、产权等优势，高成长性也是企业获取政府青睐的又一"捷径"，当上述大公司还具备更高的成长性时，就更易获得"理性"政府的垄断权"垂青"，其叠加效应不容忽视。

治理弱化[1]，故其改观必须诉诸更好的公司治理环境[2]。

经济增长取决于资本控制权的配置（Aghion et al., 1999；Morck et al., 2005），而控制权的集中会加剧企业的代理问题。不同于英美国家显著分散的所有权结构，中国上市公司（包括大型股份公司）绝大多数仍由政府或国企所控制，通过金字塔式结构、交叉持股和超权股等控制手段实现其对企业（集团）乃至一国经济的控制（LLS, 1999），这种控制权方式/结构促生的财富放大效应为其获取超额控制权私利（PBC）提供了体制便利。如果数量不多或在不断减少的国企对于国民经济的影响仍日益显著的话，此类公司的治理问题在宏观经济层面变得十分重要——因为它会显著地影响创新速率、误导资源配置、助长行业壁垒、阻碍资本市场发展进而滞延一国的经济增长（Morck et al., 2005；Aghion et al., 2005；Chun et al., 2008；聂辉华等，2008；李春涛和宋敏，2010；邓可斌和丁重，2010），而这正是持续多年的国企改革尤其是2008年金融危机后中国行业竞争结构或公司基本经营环境的现实体现，国企的"逆危机"或"逆改革"成长背后的公司治理或权力配置扭曲问题确实不可小觑，尤其是当其进一步影响一国/地区的政治经济进程时就更是如此[3]。

4.1.3 中小企业的上市便利引致市场结构的"客观"变迁

此外，与"国企独大"诱致的"争宠式"竞争不同，中国新时期产业结构的调整、行业管制的放松、民企的信贷倾斜等新政（如"新36条"等）的实施

---

① 具体表现为国企的管制便利依然、企业的行政干预仍然多、既有格局难以改变、新政革新难以落实、中小投资者法律保护弱化等。

② 本书的结果表明，中国诸多行业"国企独大"引致的竞争加剧及其负面经济后果显然应归咎于治理环境的弱化，但值得反思的是，国外更好的治理环境为何也导致显著的"PMC—风险"效应呢？难道治理的弱化不是引致低效竞争的根本原因吗？Ang 等（2009）和 Fu（2009）等发现的风险与回报的"普遍背离"又是否说明治理弱化可能并非竞争加剧的根本原因？2008年危机后发达国家的公司基本经营环境确有变化，但可能是正在变坏吗？或者真如已有研究指出，欧美发达资本市场上特质性风险的显著增加只不过是一个非持续的阶段特征甚或"事件"？然而，中国特质性风险的显著增加及其与过高的市场风险的明显"背离"，是与我国资本市场的"政策市/投机市"特征以及公司治理环境的现实差异以及国外的研究结果相吻合的（吴昊旻等，2012），故本书认为，治理环境的弱化至少是产品市场竞争加剧及其负面效应的主要原因。孔东民和杨薇（2012）发现了特质波动的阶段特征，且"PMC—波动"的"负相关主要源于信息不对称间接机制"的结论同样可以作为治理环境弱化的证据。

③ 政府官员和国企高管的互任、国企甚或大型民企显著影响地区经济发展和制度建设进程的现象，在我国由来已久，这会间接甚或直接"诱导"企业通过构建政治关联强化其投融资势力，并最终加剧行业的无序或"争宠式"竞争。

以及资本市场的多元纵深，也在一定程度上使众多中小企业得以相对容易地进入或扩大其市场份额并相继上市，而政策的便利必会推动企业的利益最大化追求及其扩张冲动。因不同特征——如实力强弱、风险高低（组建时间短、更依赖研发、资产风险属性差异）等——企业的集聚而引发的公司"数量和质量"的显著变化，必然会引致行业结构的基础性变迁，进而影响产品市场的竞争格局与公司回报的波动（Campbell et al., 2001；Fama and French, 2004；Brown and Kapadia, 2007；吴昊旻等，2012）①。

4.2 高成长压力：竞争加剧效应与治理优化效应

公司治理旨在缓解企业在投资、融资及分配等战略选择中的代理问题，而代理冲突还具有显著的制度渊源（吴昊旻和王华，2010）。公司的产权结构和治理机制内生于其所在国家/地区的制度环境，一般而言，弱的产权制度背景下的代理问题将更为突出（Shleifer and Vishny, 1997；LLSV, 1999），而其公司治理效应也将更为显著（Hutchinson and Gul, 2004；Giroud and Mueller, 2011）。政府管制本身即是代理问题的宏观体现，必然导致或伴生着严重的代理冲突。为加快促进其经济增长②，尤其是新兴/转轨经济国家的政府普遍偏好优先支持"国字号、规模大、实力强、成长快、技术新"特征的企业，而政府管制往往具有系统性影响，即其会通过经济方针、产业政策、法律制度乃至股权结构等宏微观环境变量而显著影响公司间竞争及其绩效。作为政府管制最主要、最直接或最典型的干预形式，产权歧视和行业行政性垄断与公司市场势力及其成长性特征密切关联（杨兴全和吴昊旻，2011）。成长性差异是影响公司财务政策选择及其绩效的重要环境变量。Hutchinson 和 Gul（2004）等研究还指出，之所以出现公司治理与其业绩弱相关乃至负相关等结论分歧，一个重要的原因在于公司成长性等外部环境

---

① 参见《产品市场竞争与异质性风险：理论模型与实证》。我国的制度背景及其新政变迁似乎"正好"符合 Fama 和 French（2004）的预期和结论，这也是发达资本市场早期经历的现实。

② 哈佛学者亨廷顿指出，"威权转型"对于工业化程度不高的国家来说或许是一种更好的发展方式，而威权体制最终会转变为民主体制。可以预见——事实亦如此，在由"威权治理"向市场化"民主治理"的转型进程中，政府的主导角色往往突出甚至不可或缺。

的影响差异所致；对于拥有更多或更依赖成长机会的企业，公司治理显得更为重要，而其竞争策略亦更为敏感（Aguerrevere，2009；Hoberg and Phillips，2010）。作为一国/地区尤其是新兴/转轨经济国家公司治理环境或制度背景的一个关键特征，高成长性与代理冲突、政府干预以及市场竞争的加剧密切关联，高成长性本身很可能具有显著的公司治理效应（杨兴全和吴昊旻，2011），在新兴/转轨经济国家，高成长性很可能是维持和巩固公司尤其是垄断性公司的绩效及其市场势力的一个重要基础，保持经济的高速增长是解决这类市场发展中政—企相关代理问题的有效方式（Stigler，1971；亨廷顿，1998；Fan et al.，2007b；钟海燕等，2010；潘越等，2009；勃兰特，2009）①。然而，在中国产业结构调整及金融信贷等政策仍实际奉行"抓大放小"或"国企优先"的惯性导向背景下——虽已出台很多"亲民"政策，更具成长机会的企业不但更易获得政府青睐，同时亦有利于政府"趁机"强化和巩固大型（国有）企业的垄断优势（通过"寻租"和创租），而这应该是2008年后国企"逆危机成长"并日益做大进而引致行业结构微显"优化"集中而公司间竞争又日益加剧的一个重要背景。Bekaert等（2012）研究亦表明，大部分的特质性波动应归咎于成长机会和总的市场波动，而中国资本市场的"政策市或投机市"特征实际上正好吻合这一论断。可见，高成长性、政府管制便利、产品市场竞争的加剧及其引致的特质性波动之间，似乎存在着一个显著的"正向"关联，故在转型经济背景下考察"治理—竞争—风险"关联时还应当充分考虑高成长特征的关键影响。

4.3 更好的公司治理（环境）可以为竞争设置一个"效率边界"

任何经济体都面临的一个关键挑战是如何实现储蓄对于投资机会的最优匹配，在此过程中，至少有两大问题始终难以回避，即投融资决策前的"信息问题"以及决策实施后的"代理问题"。信息和动机问题阻碍着经济资源在资本市场中的有效配置，并导致投融资决策的日益复杂化（Healy and Palepu，2001）。

---

① 可见，中国坚持多年的"保8"增长战略虽显"功利"但亦有其现实合理背景。

而实际上,就其解决之道而言——结合诸多经典理论及其成功实践,前者应该诉诸产品及要素(包括资本)市场的适度竞争(Peress,2010;Kale,2011;Piotroski and Roulstone,2004),而后者则须依赖于公司治理环境的适时完善(Jensen and Meckling,1976;Dey,2008;Fan et al.,2005)。

4.3.1 适度的产品市场竞争(PMC):四大优势

如前对于"效率边界"的分析,行业的适度竞争必然存在着效率边界,此时的竞争更加注重其绩效实质而非竞争的形式,故判断产品市场竞争是否达到所谓的"适度",除了要看行业的聚散结构及其市场竞争强度外,还须进一步对比其竞争绩效或经济效率的高低①。产业组织理论和市场结构理论的市场势力(MP)假说和"效率—结构"(ES)范式以及前文关于"PMC—风险""治理—风险"效应的诸多研究均表明:产品市场的适度竞争有助于缓解公司证券市场的低效率,进而稳定公司回报,而概括其机理在于适度集中的行业结构或更为显著的公司市场势力具有"四大优势":即更高的信息配置效率(Peress,2010;Tookes,2008)、更强的风险转嫁或"自然保值"能力(Gaspar and Massa,2006)、具有在面临逆向外部冲击时将不同风险属性的资产和投资/成长机会与其所在市场竞争环境适时相匹配的优势(Aguerrevere,2009),以及更有利于行业内不同特征公司间的战略性互动或价值依存度的提升(Piotroski and Roulstone,2004)②。拥有更强市场势力的公司由于更多受到公众及监管部门的关注,且其自身的治理机制和信息披露相对更健全,其更大的股票成交量(包括内部人交易)与流动性会加速和保障私人信息在股价中的配置效率,股价信息含量的提高使得投资者预期更趋集中,且凭借其显著的市场势力,公司能更容易地将负面特质性冲击转嫁给客户(Gaspar and Massa,2006;Peress,2010;Kale,2011),实现"自然保值"(Natural Hedge),故这类公司相对于那些分散行业里的企业具有更低的现金流和利润波动(Irvine and Pontiff,2009)或风险水平(Hou and Robinson,2006)。此外,更为显著的公司市场势力往往对应着相对集中的行业结构

---

① 还须注意的是,公司的市场势力或行业的聚散结构实际上有其不同的制度渊源或特征——是因拥有更大的市场份额、更新的技术或更独特的产品、更多的现金持有或能战略性地保持更充裕的现金流?还是因政府的直接赋予或公司"寻租"?这会导致产业/行业内不同性质公司的竞争格局差异,而这种格局差异会显著地影响其绩效的高低。

② 其影响机理和经验证据参见吴昊旻等(2012)的理论分析。

（二者往往互为因果），而集中的行业结构能显著强化行业共同信息及竞争性信息的传播效应（Cheng，2005；Haw et al.，2008）。此时，信息的有效配置、投资者预期的集中、股票成交量及流动性的提高等有利的微观治理因素，就会与集中行业结构下公司竞争优势的巩固及其获利能力的持续（Cheng，2005；Baginski et al.，1999）①，以及行业内不同特征公司间的战略性互动和价值依赖度的提升（Piotroski and Roulstone，2004）等更好的宏观竞争环境，逐渐形成良性的"循环"②，而这种竞争格局正是欧美发达经济体所着力推动的方面，也更应成为中国新时期转变经济增长方式和推动产业结构转型升级的新政取向。由上述机理分析可见，适度集中的行业结构和公司显著市场势力的"四大优势"实际上得益于并同时塑造了这类行业或公司更好的竞争格局以及治理环境——互为因果、良性循环，故要保持竞争的适度，需要公司治理的适时完善。

4.3.2 公司治理（机制）：动机及绩效

改革的动机往往来自正反两个方面，即如何应对压力和机遇？是主动选择还是被迫接受？企业是否引入更有效的治理机制亦面临同样抉择。高度集中的股权结构是新兴市场国家上市公司的普遍特征，在弱产权环境下，集中的股权结构被认为是一种便利交易的制度安排（Fan et al.，2007b）。因其产权尚未得到很好界定或缺乏更好的法律保护，欠发达市场上集中的股权结构具有相对更多的积极效应（Shleifer and Vishny，1997），且弱法制环境下上市公司的股权结构亦更为集中（LLS，1999）。然而，集中的股权结构往往伴生着严重的代理冲突，在LLSV研究范式（LLSV，2002）影响下，更多的研究开始基于制度背景差异关注股权结构导致的代理问题，控股股东与中小股东间的代理冲突已成为现代公司治理的主流（LLS，1999；Claessens et al.，2000）。高度集中的股权结构引致的代

---

① 得益于集中的行业结构，日益巩固的公司市场势力因此会延缓（Increases the Persistence）其更高的获利能力向低于行业均值递降的速度（Cheng，2005），延长市场势力占优企业的盈余持续时间（Baginski et al.，1999），从而吸引和稳定更高的投资者预期及回报水平。

② 诸多研究表明，集中行业里的竞争公司之间更易形成"串谋"（竞争性合作）而获得经济租或超额收益（Strickland and Weiss，1976；Brock and Scheinkman，1985），此时，公司也才能更主动地利用壁垒战略（Masson and Shaanan，1986），以有效遏制低效竞争对手的进入（Schmalensee，2004；Carlton，2004），而竞争实力相对弱小、治理低效的公司一般无力甚或无意实施壁垒战略。这与Demsetz（1973）所谓的"行业的集中并非一定是串谋，而是更优业绩和管理能力的体现"以及Bunch and Smiley（1992）关于"竞争结构—战略合作"的三大解释相一致。

理冲突会显著阻碍资本市场的纵深发展（Claessens et al.，2002），并通过低效的投融资等行为进而损害公司价值（Fan et al.，2005；辛清泉等，2007）。此外，大股东及机构性持股比例的增加还可能强化接管限制（Ferreira and Laux，2007）进而损害竞争的效率，故考察股权结构的纵深影响还须结合行业竞争结构及其治理环境。

综合理论界观点及现实考量，本书认为其治理路径有三，且须内外结合：其一是优化分散股权（如减持或限制国有股，强化大股东及机构性股东的责任），避免过度集中；其二是健全法制环境，尤其是加强中小投资者法律保护执行力度；其三是引入高质量审计等外部治理机制。这有助于弱化大股东及管理层等内部人对于公司接管的限制，有利于资本市场纵深发展。公司治理是一种控制权安排，不同类型的控制权安排取决于与多元化目标和信息不对称等问题相关联的代理成本的差异。代理问题源于两权分离及其治理效果，作为约束管理层自利动机、缓解代理冲突的公司治理安排，其实是对公司经营及其所在竞争环境的"内生响应"（Dey，2008），特定制度背景下的政府管制、法制水平及其"支配"的产业结构、市场竞争等宏观治理环境均显著影响公司代理冲突（吴昊旻和王华，2010），而代理冲突及其治理机制的相应变化除反映特定的治理环境外，公司微观治理效应的"累积"也会最终结构性地影响经济结构与宏观政策。所以，适时完善公司治理（环境）不仅能提升公司绩效，亦有助于"自下而上"推动中国产业结构及行业竞争格局的优化调整，推进制度环境的整体建设。

4.3.3 高成长压力：推动治理优化的有利环境背景

更高的成长性或更多的成长机会为上述治理路径的实现提供了有利支撑或契机。由前文分析，考虑到产权及信息治理弱化的区域多处于新兴/转轨经济体，而这些国家的企业又普遍面临显著的高成长压力，管理层对于更多投资机会的滥用以及股东对于高成长伴生的高风险的警惕，很可能加剧公司代理问题，进而导致投资过度或不足，有损竞争的质量或效率。然而，按照 Jensen 和 Meckling（1976）的逻辑，高成长性其实还有助于促动理性的公司管理层或控股股东主动引入有效治理机制（如高质量审计）的更强动机或意愿，或通过优化股权结构（如适度降低大股东及机构性持股比重）以弱化接管限制（Ferreira and Laux，2007），从而显著缓解其可能同时加剧的代理冲突，并最终提升竞争的质量或效率。可见，高成长性在成为"压力"（加剧竞争及代理冲突）的同时，也可以成为革新的"动力",从而有助于推动公司治理环境的完善,进而促成"竞争及代理冲突加剧(尤其是面临高成长压力时)——公司治理动机趋强——信息有效配置——投资者预期集中——股票成交量及流动性提高——获利能力持续提升——竞争优势日益巩固——行业结构逐步优化——竞争趋于适度——绩效提升并稳固"的良性循环①。

根据以上分析,本书提出如下可检验命题及其具体假设:

产品市场竞争格局的变化及其经济后果与公司治理(环境)息息相关,弱化的公司治理(环境)会加剧产品市场竞争,并进而导致股票特质性回报的剧烈波动(负相关);更好的公司治理(环境)有助于促进更高质量的产品市场竞争,并进而能有效缓解股票特质性风险或其回报的剧烈波动。

基于此,本书分别从微观、中观和宏观三大层面检验如下的具体假设:

H1:弱化的公司治理结构显著影响股票特质性波动,具体而言,股权结构更为集中或代理冲突更严重的公司(两权分离度更高),其股票特质性波动更为显著(H1a);相对于非竞争行业,高竞争行业中弱化的公司治理结构对应着更为显著的特质性波动(H1b)。

H2:国企的日益做大(即各行业的"国企独大")显著影响行业的竞争格局,具体而言,国有股比重更大的行业(ROG)其公司间竞争更为激烈,特质性波动更为显著(H2a);成长性显著影响公司的代理冲突、产品市场竞争及其经济后果,具体而言,在高竞争行业和低治理环境下,高成长行业中的股票特质性风险或其回报波动更为显著(H2b)。

H3:更好的公司治理环境能有效缓解产品市场竞争的加剧及其引致的显著特质性波动,具体而言,弱化的公司内部治理机制(CGI)以及低效的公司外部治理环境(即政府干预过多、中小投资者法律保护较弱、市场化进程滞后),会加剧公司间竞争及特质性波动。

---

① 适度竞争有助于信息的有效传播。Healy 和 Palepu(2001)指出,信息披露以及为增强公司管理层与投资者间信息披露之可信性的治理机构,能有效缓解信息和动机问题阻碍资本市场资源有效配置的缺陷。

第 5 章 研究设计

5.1 样本与数据

本书关于我国产品市场竞争现状的相关描述性统计基于中国工业企业及沪深A股上市公司样本,但受股票特质性风险(IR)指标所限,实证检验则基于沪深A股上市公司2000~2013年样本[①]。产品市场竞争(PMC)数据主要来自CCER数据库,股票特质性风险(IR)数据来自锐思(RESET)数据库,缺失数据用CSMAR及WIND补充。

样本筛选原则如下:①剔除金融保险业公司;②剔除样本公司数太少(少于5家)及数据不全或缺失严重的行业;③剔除样本期间内被ST和PT的公司。经上述处理,本书样本几乎涉及所有行业,行业划分标准主要依据证监会2001年《中国上市公司行业分类指引》。为避免歧异值影响,本书对所有变量在1%水平上予以Winsorize处理。本书实证检验基于面板数据,经过Hausman检验,所有模型均采用面板数据模型下的固定效应回归。此外,由于面板数据容易存在异方差和自相关问题,本书采用Stata12.0软件中可同时纠正模型异方差和自相关问题的"xtscc"命令进行估计,描述性统计及回归检验均使用Stata12.0软件。

---

① 中国工业企业数据库最新数据截至2013年。

5.2 变量设置

5.2.1 产品市场竞争（PMC）

产业组织文献最常使用的竞争指标是行业集中度（CR_n）和交叉价格弹性等，但由于集中度主要度量市场中最大的 N 家企业产出占行业总产出的比例，并不能反映企业间的竞争互动，而交叉价格弹性则受制于企业的定价资料，故均不能准确而全面反映公司的产品市场竞争动态。鉴于此，本书遵循国内外研究采用的主流方法（Gaspar and Massa，2006；Peress，2010；姜付秀等，2005，2008；吴昊旻等，2012），并综合考虑了行业竞争结构、公司市场势力以及行业内外竞争差异等影响（Gaspar and Massa，2006；Novy-Marx，2009），采用反映市场集中度或公司所在行业聚散结构的综合指标即赫芬因德指数（HHI）和体现公司市场势力的超额价格—成本边际（EPCM）两大指标来度量产品市场竞争①。

5.2.2 特质性回报波动（IR）

学界普遍认同使用日度等高频数据估算股票特质性风险或其回报波动更为精确。结合中国股市的短期性、波动性特征以及与已有研究的可比性和数据可得性等考虑，本书拟主要基于 CAPM 并采用股票日回报高频数据估算特质性波动②，借鉴 Gaspar 和 Massa（2006）、Fu（2009）以及吴昊旻等（2012）等的思路和程

---

① 本书一直认为，产品市场竞争（PMC）的影响因素及其经济后果，既要在行业整体变迁并扩及其制度背景的宏观层面予以考察，又须落实在具体的公司特征差异及其引致的公司间竞争互动的微观层面；而且，考虑到中国企业所在的行业竞争结构现状（如各行业的"国企独大"以及行业内公司规模与实力的显著差异等），故考量 PMC 的影响效应，必须从行业的聚散结构及其市场竞争强度两大维度予以全面反映。实际上笔者的前期研究（吴昊旻等，2012）以及本书研究发现的行业聚散结构（HHI）与公司市场势力（EPCM）相互背离的描述性统计与检验结果（如显著性差异等），均可以证明我国诸多行业竞争结构的"畸形"现状，而这也是新时期中央着力推进国有企业改革及其有效治理以及系统推进产业结构优化调整的基本原因。

② 学界关于特质性风险的度量多基于 CAPM 或其扩展模型，这些模型优缺互见、各有千秋（陈展辉，2004；饶品贵和姜国华，2008），而且，吴昊旻等（2012）、孔东民和杨薇（2012）等研究亦可为 CAPM 度量方式的相对可靠性提供证据（多种方法的结果基本一致）。

序,本书首先对沪深A股样本中每个上市公司或每只股票,将其过去36个月的个股月回报(考虑现金红利再投资后)按月对其市场的超额回报进行时间序列回归,得出风险的beta值,然后将其拟合到当月的个股日回报中,从而得到个股日回报与市场日回报的回归残差,最后对这些日残差(按所有天、所有月)求平方和,得到特质性风险的月度值,再将其按月求和得到特质性风险年度值(IR),为降低量级取其自然对数①。

5.2.3 公司治理(环境)变量(CG)

本书从宏微观层面以及公司内外治理环境两大方面多层次、多维度衡量公司治理效应,具体如下:①微观治理结构(Micro – level)或接管限制变量(Anti – takeover),分别采用第一大股东持股比例(Share1)、第二大到第五大股东持股比率(Share2~5)以及两权分离程度(Sep)反映公司微观层面的股权/控制权结构引致的代理冲突;②中宏观治理环境变量(Micro – level),创新设置国有股在行业中的比重(ROG)指标,用以反映行业中宏观层面的产权结构引致的代理冲突;③公司内部整体治理水平变量(CGI),借鉴Gompers等(2003)及张学勇和廖理(2010)等的做法,采用主成分分析法确定;④外部治理环境变量(Market – Index),采用樊纲和王小鲁(2011)的中国市场化指数,具体包括市场化进程(Market)、政府干预(Gov – Int)和法治水平三个指数(Law)。

5.2.4 控制变量

此外,考虑到公司的规模、已有收益水平、财务杠杆、成长性高低、上市时间、现金持有比率以及市场风险等因素,均会直接或间接影响公司的市场势力及其回报预期特征,并使公司因此处于产品/资本市场的某种优势或弱势位置,故与Gaspar和Massa(2006)、Ferreira和Laux(2007)、Irvine和Pontiff(2009)以及Lowry(2010)、Kale(2011)等主流研究一致,本书控制了上述因素以及行业、年度等影响。变量的具体定义见表5-1。

---

① 对于中国工业企业数据库中的非上市企业的特质性波动,为保持样本的最大代表性以及客观性,本书采用了简单的度量方法,即按其权益回报(ROE)的标准差来度量。对此,本书在研究报告的最后部分以研究不足的形式做了说明,未来的研究将进一步精确。

表 5-1 变量定义

	变量	代码	度量方法
风险	股票特质性波动	IR	基于个股日回报的 CAPM 回归日残差平方和而估算；稳健性检验中采用市场模型（Market model）、Fama-French 三因素模型三种方式
产品市场竞争	行业集中度	HHI	$HHI = \sum_f (x_f \sum x_f)^2$ 其中，X_f 为公司 f 的销售额，本书用主营业务收入代替
	超额价格—成本边际	EPCM	等权的 EPCM = 公司 PCM（折旧及息税前利润/销售额）- 行业价值等权的 PCM 均值，用以反映公司的市场势力（Market Power）
公司治理	代理冲突	Micro-level	分别采用第一大股东持股比例（Share1）、第二大到第五大股东持股比率（Share2~5）以及两权分离程度（Sep）来反映公司微观层面的股权结构或控制权结构引致的代理冲突，亦可反映"接管限制"（Anti-takeover）
		Macro-level	国有股在行业中的比重（ROG），即某行业国企总数占该行业公司总数的比重，用以反映行业中宏观层面的产权结构引致的代理冲突
	公司内部治理水平	CGI	借鉴 Gompers 等（2003）及张学勇和廖理（2010）等的做法，采用主成分分析法确定
	中国市场化指数	Mar-Index	采用樊纲和王小鲁（2011）的中国市场化指数，具体包括市场化进程（Market）、政府干预（Gov-Int）和法治水平三个指数（Law）
控制变量	权益回报率	Roe	净利润/净资产
	公司规模	Size	公司总资产的自然对数
	公司年龄	Age	公司上市时间的长短
	现金持有水平	Cash-hold	（现金 + 短期投资净额）/总资产
	长期杠杆	Leverage	公司长期负债占总资产的比例
	市场风险	Beta	CAPM 的 Beta 估计值的年度均值
	利润边际	Profit-margin	折旧前营业利润/销售收入总额
	成长性	Grow	公司主营业务收入增长率
	年度	Year	控制
	行业	Industry	控制

第6章 实证结果分析

6.1 描述性统计分析

6.1.1 产品市场竞争现状：结构与绩效

本书基于全行业样本对 2013 年中国上市公司所在行业的市场集中度进行了描述，由表 6-1 及图 6-1、图 6-2 可见，中国上市公司所在行业集中度波动仍然明显且总体偏低，2000 年后尤其是 2005 年和 2008 年前后波动较大（政策变迁所致）[1]，个别行业日趋集中，中国产品市场竞争的三大主要特征依然持续（吴昊旻等，2012）[2]，尤其是低效竞争与低效垄断"双低"并存的格局至今仍未有效改观，大部分行业的分散化特征依然持续（更多行业分布在 1000 以下的高竞争区间），行业结构虽然微显"优化"集中趋势，但却主要源于国企的日益做

---

[1] 2005 年国务院出台"非公经济 36 条"，鼓励和引导非公经济发展，但制造业并未出现显著集中趋势，政策效果并不明显，故 2010 年的"新 36 条"实为落实"旧 36 条"。2008 年 8 月实施的《反垄断法》可能是导致行业集中度下降的一个主要因素，但法律与政策旨在优化我国经济及产业结构的效果尚未有效凸显。

[2] 在 1978～1990 年经济转型早期呈分散化趋势，1990～1995 年趋于稳定，1995 年后又趋集中（余东华，2009；魏后凯，2003）；2000 年后尤其是 2005 年、2008 年前后波动较大（政策变迁所致），个别行业趋于集中。这与图 6-2 描绘的变化趋势基本吻合。

大①。表6-1中公司和销售收入分布及其比重呈现出显著的"国民"差异,在高竞争(HHI小于1000)尤其是高寡占区间(HHI大于1800),国企均占明显优势(集中程度越高,国企所占比重越大;反之亦然),与前文理论分析一致,国企的"逆危机成长"应该是导致中国上市公司所在行业竞争结构"畸形"的主要原因,国企对于行业竞争的"双重/双向"效应导致其既可能在高集中行业加剧/强化垄断,又可能在低集中行业加剧无序(如争宠式)竞争。这不仅印证和解释了中国行业"双低并存"的竞争结构现状,亦与刘瑞明和石磊(2010)等关于国企"双重效率损失"的分析相吻合。上述特征在工业企业样本中甚至更为明显,行业集中度的变化趋势大体一致,但工业企业所在行业集中度波动更大(见图6-1),而更少的国企(10.11%)其销售收入比重高达85.23%(见表6-2),这说明中国产品市场竞争结构的"失衡"是普遍的。

表6-1 2013年中国上市公司所在行业的市场集中度(HHI)

HHI	行业分布②		公司分布				销售收入			
	数量	比率	数量	比率	国企数目	国企比重	总额	比率	国企收入	国企比重
500以下	7	0.3333	1029	0.4364	305	0.2964	6.61E+12	0.2990	4.20E+12	0.6354
500~1000	9	0.4286	987	0.4186	359	0.3637	5.33E+12	0.2411	3.72E+12	0.6979
1001~1400	0	0.0000	0	0.0000	0	0.0000	0.00E+00	0.0000	0.00E+00	0.0000
1401~1800	2	0.0952	66	0.0280	21	0.3182	3.06E+12	0.1384	2.86E+12	0.9346
1801~3000	2	0.0952	216	0.0916	39	0.1806	8.15E+11	0.0369	5.40E+11	0.6626
3000以上	1	0.0476	60	0.0254	41	0.6833	6.29E+12	0.2846	6.21E+12	0.9873
合计	21	100%	2358	100%	765	0.3244	2.21E+13	100%	1.75E+13	0.7930

注:①HHI区间的划分基于美国司法部(Department of Justice)反托拉斯法以HHI值为基准的市场结构分类,这里的HHI是将其扩大10000倍之后的结果(下同);②上述是参照2001年行业分类指引的统计结果,本书又按照最新的2012年行业分类指引进行了统计,结果稳健。

---

① 国企数量及其销售额比重,相对于2012年(900家,占比45.36%;销售额比重均值为81.81%)有所减少和降低,这意味着中央推动国企改革与产业结构调整的相关政策或已促生积极效果。

② 考虑到中国制造业上市公司总体比重(超过60%),故对其进行了二级分类,其他行业均采用一级分类。

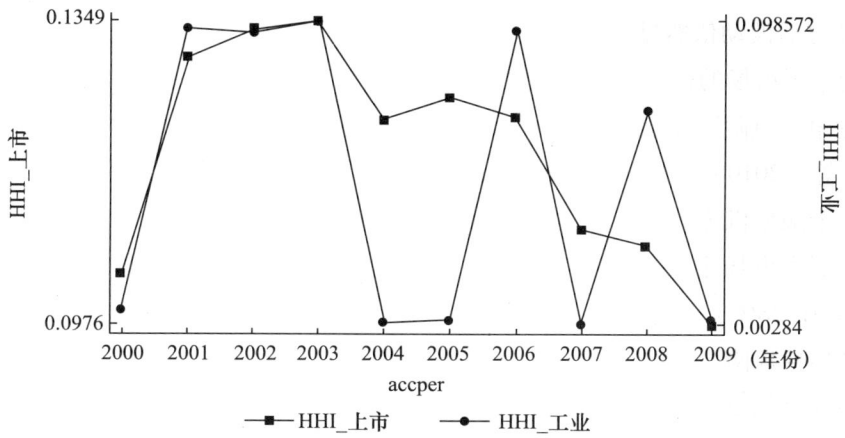

图6-1 上市公司与工业企业的HHI变化趋势（2000~2009）

表6-2 2009年中国工业企业所在行业的市场集中度（HHI）

HHI	行业分布		公司分布				销售收入			
	数量	比率	数量	比率	国企数目	国企比重	总额	比率	国企收入	国企比重
500以下	40	0.7692	194247	0.9971	19382	0.0998	3.30E+12	0.4640	2.64E+12	0.8000
500~1000	4	0.0769	230	0.0120	127	0.5522	7.27E+11	0.1022	5.37E+11	0.7387
1001~1400	2	0.0385	142	0.0007	88	0.6197	1.70E+11	0.0237	1.37E+11	0.8059
1401~1800	2	0.0385	97	0.0005	56	0.5773	4.01E+8	0.0001	3.96E+8	0.9875
1801~3000	1	0.0192	10	0.0001	1	0.1000	1.52E+10	0.0021	1.27E+9	0.8355
3000以上	3	0.0577	77	0.0004	43	0.5584	2.90E+12	0.4079	2.74E+12	0.9448
合计	52	100%	194803	100%	19697	0.1011	7.11E+12	100%	6.06E+12	0.8523

注：①中国工业企业数据库最新数据截至2009年；②HHI区间划分及其他统计处理同表6-1。

6.1.2 主要变量描述性统计

由表6-3可见，股票特质性风险的年度均值为0.3025，仍远低于美国等发达国家甚至超过40%的水平（Gaspar and Massa，2006；Brown and Kapadia，2007），但特质性风险水平波动显著且具有明显的阶段性特征（Std. =487.8%）：2000~2003年呈下降趋势，而2003年尤其是2005~2007年又呈显著增加趋势，

2007年之后波动依然显著但总体呈下降趋势，这与显著受政策变迁（特别事件）影响的中国市场的行业集中度的变化趋势基本吻合，产品市场竞争与特质性波动即"竞争—风险"正向关联显著；基于全行业样本的特质性风险变化趋势亦与Brandt等（2010）、孔东民和杨薇（2012）等的"均值反转"结果相类似，政策变迁、金融危机等特别事件效应应该是导致特质性风险呈阶段性波动特征的主要原因。资本市场系统性风险（ = 1 – CAPM 月度回归的 R^2）的均值高达 0.697（Std. = 31.28%），又远高于美国资本市场（Mean = 0.189，Std. = 15.4%），较低的特质性风险与过高的系统性风险的"背离"依然明显，表明中国上市公司的风险回报仍更多受制于宏观政策变迁或基本面波动——新兴/转轨市场经济国家的普遍特征，与公司自身"效率"特征（经营、治理及获利能力等）的关联仍处在偏低水平①，中国资本市场的"政策市"和散户居多的"投机市"特征依然显著（吴昊旻等，2012），上市公司整体绩效及其价值创造能力仍然较弱。

行业集中度 HHI 的均值为 0.066（Std. = 0.084），行业总体分布较为分散，而公司市场势力（EPCM）的均值为 – 1.635（Std. = 1212.48），分布差异巨大，表明中国上市公司的市场势力与其所在行业的聚散结构并不对应（显著的公司市场势力一般对应着更为集中的行业结构），行业聚散结构与公司市场势力强弱的明显背离进一步印证了中国行业的"畸形"竞争结构（见表6 – 2）以及公司治理环境总体向好但仍滞后的现状。相对于吴昊旻等（2012）基于制造业样本的结果，全行业样本下的特质性风险更高（0.3025）且其波动趋势更显著（2007年反转），市场风险亦更高（0.6974），而行业集中度（HHI）尤其是公司市场势力（EPCM）则更低，这与制造业等实体性企业的股价波动相对较小、分布相对集中有关。上市公司及工业企业的全行业样本结果基本反映了中国企业整体的竞争现状。

本书还提供了本书研究涉及的所有变量的相关性分析结果（见表6 – 4）以及采用了 Spearman 等两种方法并标识了显著性水平的相关系数矩阵（见表6 – 5）。

---

① 一般地，公司的绩效若更多取决于其所在国家/地区的宏观政策或基本面的波动，则其所在资本市场的投机性特征便更为明显；而健全资本市场下公司绩效则更多取决于其自身的价值创造能力或公司特征性信息的变化（Durnev et al.，2004）。

第 6 章 实证结果分析

表 6-3 主要变量描述性统计

变量	均值	标准差	最小值	最大值
IR	0.3025	4.8779	0.00011	427.5233
$1-R^2$	0.6974	0.3128	0.0268	0.9925
HHI	0.0657	0.0840	0.0149	0.8892
EPCM	-1.6345	1212.4760	-160780.1	5742.8620
Share1	38.3557	16.0175	2.1970	88.55
Share2~5	0.1914	0.1313	0.00049	0.7843
Sep	1.4072	1.2541	1	48.2655
ROG	0.5507	0.1835	0.1218	0.9901
CGI	-0.0408	0.8815	-2.7464	3.3088
Market	8.3955	2.4458	0.33	12.8233
Gov-Int	8.8343	1.6993	-1.14	11.44
Law	8.0494	4.3233	1.15	19.3967

6.1.3 竞争、治理与回报波动：关联趋势

图 6-2~图 6-7 是中国上市公司特质性波动（IR）与其所在的行业竞争结构（PMC）和公司治理环境的时间关联趋势。由图 6-2、图 6-3 可见，行业集中度（HHI）、公司市场势力（EPCM）与特质性风险即"竞争—风险"的正相关趋势显著，中国上市公司特质性风险水平呈明显的阶段性波动特征，且 2007 年之后确有"均值反转"迹象，"竞争—风险"的正向关联亦趋弱化，这反映了新兴/转轨经济国家市场的"快速、多变"特征及其公司治理环境总体向好（见图 6-4~图 6-7）但仍相对滞后的现状。图 6-4~图 6-7 表明，随着中国公司内部治理水平（CGI）与外部治理环境（市场化指数）的改善，特质性风险总体走高，但其在 2007 年前后由增返降的"反转"趋势，应该得益于 2007 年底爆发的全球性金融危机对于产品市场竞争过于剧烈的风险警示，以及公司治理（环境）对于过度竞争的有效约束即"治理—竞争"效应的发挥。这符合本书关于"治理—竞争—回报波动"关联即"公司治理（环境）日趋完善—PMC 回归适度（降低）—IR 回归适度（降低）"之影响机理的理论分析。

表 6-4 相关系数矩阵 (Spearman)

	IR	HHI	EPCM	Share1	Share1~5	Sep	ROG	CGI	Market	Gov-Int	Law	Roe	Size	Age	Cash-hold	Leverage	Beta	Profit-margin	Grow
IR	1																		
HHI	-0.0045	1																	
EPCM	-0.0019	-0.002	1																
Share1	0.0229	0.0989	-0.0207	1															
Share1~5	0.0273	0.1135	-0.024	0.9639	1														
Sep	0.0031	-0.0173	0.0037	-0.1199	-0.1164	1													
ROG	0.0059	0.3526	0.006	0.1336	0.1469	-0.0587	1												
CGI	-0.0337	-0.0805	0.0181	-0.8315	-0.7983	0.125	-0.0478	1											
Market	-0.0212	-0.0251	0.0101	-0.0736	-0.0849	-0.0138	0.0381	0.2571	1										
Gov-Int	-0.0129	-0.0694	0.0074	-0.0699	-0.0821	-0.0027	0.0388	0.2355	0.8437	1									
Law	-0.0164	-0.0162	0.0041	-0.063	-0.0744	-0.0071	0.0131	0.2107	0.9306	0.7024	1								
Roe	0.0134	0.0824	0.0401	0.1134	0.1203	-0.0147	0.082	-0.0275	0.1112	0.09	0.091	1							
Size	-0.0597	0.1204	0.0057	0.2433	0.2686	-0.0625	0.2907	-0.0766	0.1675	0.1321	0.1344	0.1979	1						
Age	-0.0073	-0.1079	0.0065	-0.3083	-0.3234	0.0503	0.0604	0.4044	0.2869	0.3058	0.2557	-0.0358	0.121	1					
Cash-hold	0.006	0.0606	0.0089	-0.0015	-0.0066	-0.0081	-0.0085	0.0239	0.1208	0.0876	0.1071	0.2414	-0.0765	-0.0888	1				
Leverage	-0.0274	0.0433	0.0044	0.0653	0.0802	-0.0346	0.2134	-0.006	-0.0553	-0.0413	-0.0711	-0.0434	0.4032	0.0851	-0.258	1			
Beta	-0.0466	0.0414	-0.0081	-0.0171	-0.0261	0.0006	0.0513	-0.0001	-0.03	-0.0187	-0.0211	-0.1627	-0.0088	0.0094	-0.0728	0.0298	1		
Profit-margin	0.0029	-0.0075	0.9875	-0.0197	-0.0228	0.0031	0.0209	0.0208	0.0136	0.0099	0.0074	0.0437	0.0082	0.0107	0.0137	0.0007	-0.011	1	
Grow	-0.0029	-0.0017	0.0001	-0.0075	-0.0051	-0.0039	-0.0059	0.0111	-0.0017	0.0001	-0.0057	0.0012	0.0221	0.0286	-0.0001	0.0085	-0.0116	0.0002	1

第6章 实证结果分析

表 6-5 相关系数矩阵（标记显著性）

	IR	HHI	EPCM	Share1	Share1~5	Sep	ROG	CGI	Market	Gov-Int	Law	Roe	Size	Age	Cash-hold	Leverage	Beta	Profit-margin	Grow
IR	1.000	-0.032*** (0.001)	-0.073*** (0.000)	-0.128*** (0.000)	-0.139*** (0.000)	0.084*** (0.000)	-0.020** (0.039)	0.176*** (0.000)	0.122*** (0.000)	0.135*** (0.000)	0.108*** (0.000)	-0.043*** (0.000)	-0.135*** (0.000)	0.083*** (0.000)	0.000 (0.967)	-0.077*** (0.000)	0.100*** (0.000)	-0.067*** (0.000)	-0.026*** (0.009)
HHI	-0.004 (0.545)	1.000	-0.132*** (0.000)	0.034*** (0.001)	0.041*** (0.001)	-0.062*** (0.000)	0.234*** (0.000)	-0.006 (0.517)	0.071*** (0.000)	0.041*** (0.000)	0.077*** (0.000)	0.055*** (0.000)	0.097*** (0.000)	-0.026*** (0.009)	0.006 (0.517)	0.094*** (0.000)	-0.012 (0.235)	0.146*** (0.000)	-0.006 (0.554)
EPCM	0.002 (0.798)	-0.002 (0.787)	1.000	0.003 (0.774)	0.011 (0.277)	0.030*** (0.003)	-0.112*** (0.000)	-0.039*** (0.000)	-0.051*** (0.000)	-0.056*** (0.000)	-0.045*** (0.000)	0.240*** (0.000)	-0.050*** (0.000)	-0.070*** (0.000)	0.062*** (0.000)	-0.022** (0.026)	-0.060*** (0.000)	0.322*** (0.000)	0.050*** (0.000)
Share1	-0.023*** (0.002)	0.099*** (0.000)	-0.021*** (0.005)	1.000	0.974*** (0.000)	-0.128*** (0.000)	0.112*** (0.000)	-0.825*** (0.000)	-0.067*** (0.000)	-0.096*** (0.000)	-0.051*** (0.000)	0.126*** (0.000)	0.204*** (0.000)	-0.308*** (0.000)	-0.004 (0.679)	0.061*** (0.000)	-0.001	0.049*** (0.000)	0.094*** (0.000)
Share1~5	-0.027*** (0.000)	0.114*** (0.000)	-0.024*** (0.001)	0.964*** (0.000)	1.000	-0.124*** (0.000)	0.118*** (0.000)	-0.812*** (0.000)	-0.084*** (0.000)	-0.115*** (0.000)	-0.069*** (0.000)	0.140*** (0.000)	0.193*** (0.000)	-0.353*** (0.000)	-0.008 (0.421)	0.064*** (0.000)	-0.025** (0.011)	0.061*** (0.000)	0.102*** (0.000)
Sep	0.003 (0.681)	-0.017** (0.020)	0.004 (0.615)	-0.120*** (0.000)	-0.116*** (0.000)	1.000	-0.049*** (0.000)	0.194*** (0.000)	0.030*** (0.002)	0.050*** (0.000)	0.024** (0.014)	0.014 (0.151)	-0.063*** (0.000)	0.083*** (0.000)	0.031*** (0.002)	-0.051*** (0.000)	0.020** (0.046)	0.009 (0.355)	-0.025*** (0.009)
ROG	-0.006 (0.429)	0.353*** (0.000)	0.006 (0.422)	0.134*** (0.000)	0.147*** (0.000)	-0.059*** (0.000)	1.000	-0.039*** (0.000)	0.040*** (0.000)	0.057*** (0.000)	0.027*** (0.006)	0.074*** (0.000)	0.232*** (0.000)	0.061*** (0.000)	-0.010 (0.301)	0.158*** (0.000)	0.027*** (0.007)	0.018* (0.077)	0.066*** (0.000)
CGI	0.034*** (0.000)	-0.081*** (0.000)	0.018** (0.015)	-0.832*** (0.000)	-0.798*** (0.000)	0.125*** (0.000)	-0.048*** (0.000)	1.000	0.245*** (0.000)	0.280*** (0.000)	0.211*** (0.000)	-0.020** (0.046)	-0.058*** (0.000)	0.398*** (0.000)	0.042*** (0.000)	-0.001	-0.008 (0.408)	0.023*** (0.020)	-0.057*** (0.000)
Market	0.021*** (0.000)	-0.025*** (0.001)	0.010 (0.175)	-0.074*** (0.000)	-0.085*** (0.000)	-0.001	0.038*** (0.000)	0.257*** (0.000)	1.000	0.875*** (0.000)	0.967*** (0.000)	0.117*** (0.000)	0.164*** (0.000)	0.273*** (0.000)	0.132*** (0.000)	-0.072*** (0.000)	-0.049*** (0.000)	0.052*** (0.000)	-0.066*** (0.000)
Gov-Int	0.013* (0.083)	-0.069*** (0.000)	0.007 (0.318)	-0.070*** (0.000)	-0.082*** (0.000)	-0.003 (0.714)	0.039*** (0.000)	0.236*** (0.000)	0.844*** (0.000)	1.000	0.824*** (0.000)	0.097*** (0.000)	0.134*** (0.000)	0.328*** (0.000)	0.103*** (0.000)	-0.056*** (0.000)	-0.029*** (0.003)	0.038*** (0.000)	-0.062*** (0.000)

续表

	HHI	EPCM	Share1	Share1~5	Sep	ROG	CGI	Market	Gov-Int	Law	Roe	Size	Age	Cash-hold	Leverage	Beta	Profit-margin	Grow
Law	-0.016** (0.029)	0.004 (0.580)	-0.063*** (0.000)	-0.074*** (0.000)	-0.007 (0.340)	0.013* (0.077)	0.211*** (0.000)	0.931*** (0.000)	0.702*** (0.000)	1.000	0.112*** (0.000)	0.158*** (0.000)	0.251*** (0.000)	0.127*** (0.000)	-0.084*** (0.000)	-0.042*** (0.000)	0.048*** (0.000)	-0.072*** (0.000)
Roe	0.082*** (0.000)	0.040*** (0.000)	0.113*** (0.000)	0.120*** (0.000)	-0.015 (0.048)	0.082*** (0.000)	-0.027*** (0.000)	0.111*** (0.000)	0.090*** (0.000)	0.091*** (0.000)	1.000	0.168*** (0.000)	-0.066*** (0.000)	0.272*** (0.000)	-0.062*** (0.000)	-0.209*** (0.000)	0.678*** (0.000)	0.322*** (0.000)
Size	-0.120*** (0.000)	0.006 (0.445)	0.243*** (0.000)	0.269*** (0.000)	-0.063*** (0.000)	0.291*** (0.000)	-0.077*** (0.000)	0.168*** (0.000)	0.132*** (0.000)	0.134*** (0.000)	0.198*** (0.000)	1.000	0.156*** (0.000)	-0.040*** (0.000)	0.439*** (0.000)	-0.001	0.142*** (0.000)	0.150*** (0.000)
Age	-0.108*** (0.000)	0.006 (0.383)	-0.308*** (0.000)	-0.323*** (0.000)	0.050*** (0.000)	0.060*** (0.000)	0.404*** (0.000)	0.287*** (0.000)	0.306*** (0.000)	0.256*** (0.000)	-0.036*** (0.000)	0.121*** (0.000)	1.000	-0.093*** (0.000)	0.057*** (0.000)	0.016 (0.110)	0.006 (0.516)	-0.097*** (0.000)
Cash-hold	0.061*** (0.000)	0.009 (0.232)	-0.002 (0.838)	-0.007 (0.374)	-0.008 (0.275)	-0.009 (0.251)	0.024*** (0.001)	0.121*** (0.000)	0.088*** (0.000)	0.107*** (0.000)	0.241*** (0.000)	-0.077*** (0.000)	-0.089*** (0.000)	1.000	-0.275*** (0.000)	-0.059*** (0.000)	0.038*** (0.000)	0.058*** (0.000)
Leverage	0.043*** (0.000)	0.004 (0.550)	0.065*** (0.000)	0.080*** (0.000)	-0.035*** (0.000)	0.213*** (0.000)	-0.006 (0.415)	-0.055*** (0.000)	-0.041*** (0.000)	-0.071*** (0.000)	-0.043*** (0.000)	0.403*** (0.000)	0.085*** (0.000)	-0.258*** (0.000)	1.000	0.045*** (0.000)	0.177*** (0.000)	0.097*** (0.000)
Beta	0.041*** (0.000)	-0.008 (0.273)	-0.017** (0.021)	-0.026*** (0.000)	0.001 (0.938)	0.051*** (0.000)	-0.000 (0.987)	-0.030*** (0.000)	-0.019** (0.012)	-0.021*** (0.005)	-0.163*** (0.000)	-0.009 (0.236)	0.009 (0.205)	-0.073*** (0.000)	0.030*** (0.000)	1.000	-0.143*** (0.000)	-0.097*** (0.000)
Profit-margin	-0.007 (0.315)	0.988*** (0.000)	-0.020*** (0.008)	-0.023*** (0.002)	0.003 (0.674)	0.021*** (0.005)	0.021** (0.005)	0.014* (0.067)	0.010 (0.180)	0.007 (0.320)	0.044*** (0.000)	0.008 (0.270)	0.011 (0.151)	0.014* (0.065)	0.001 (0.922)	-0.011 (0.139)	1.000	0.170*** (0.000)
Grow	-0.002 (0.820)	0.000 (0.988)	-0.007 (0.313)	-0.005 (0.495)	-0.004 (0.601)	-0.006 (0.431)	0.011 (0.137)	-0.002 (0.817)	-0.000 (0.999)	-0.006 (0.439)	0.001 (0.869)	0.022*** (0.003)	0.029*** (0.000)	-0.000 (0.994)	0.009 (0.250)	-0.012 (0.118)	0.000 (0.977)	1.000

注：相关性分析采用了两种不同的方法，右上角是Spearman，左下角是correlation matrix，括号内为P值。

第 6 章 实证结果分析

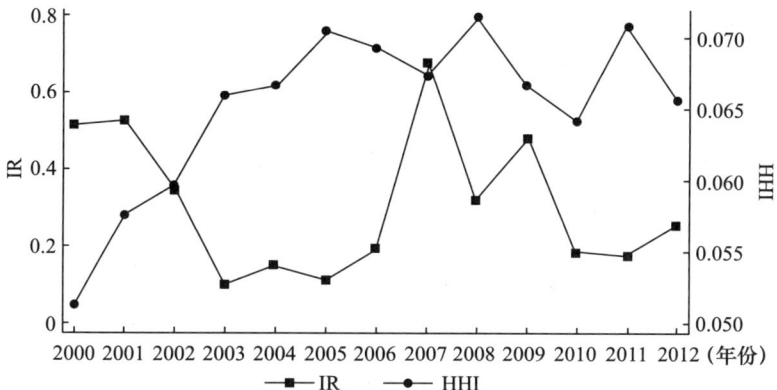

图 6-2 特质性波动（IR）与行业集中度（HHI）

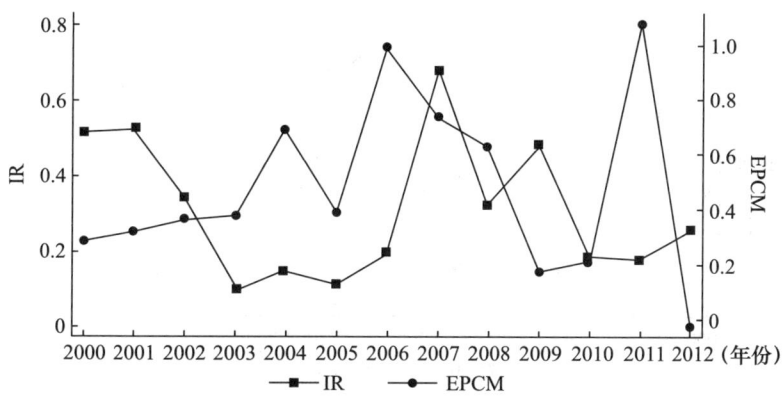

图 6-3 特质性波动（IR）与公司市场势力（EPCM）

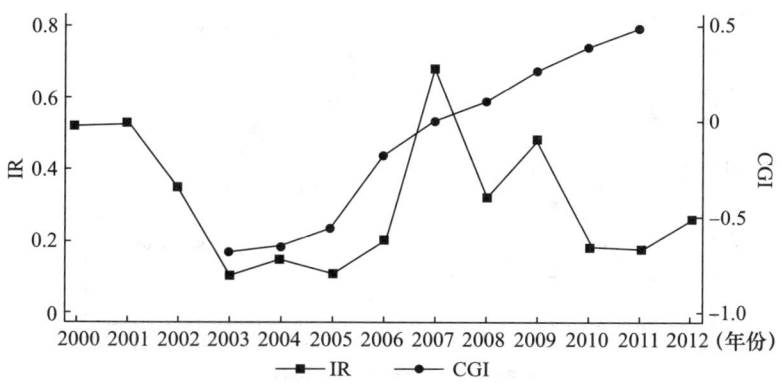

图 6-4 特质性波动（IR）与公司内部治理水平（CGI）

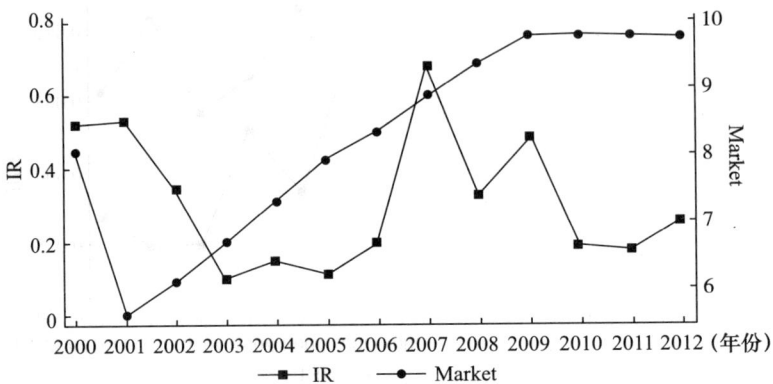

图 6-5 特质性波动（IR）与外部治理环境（Market）

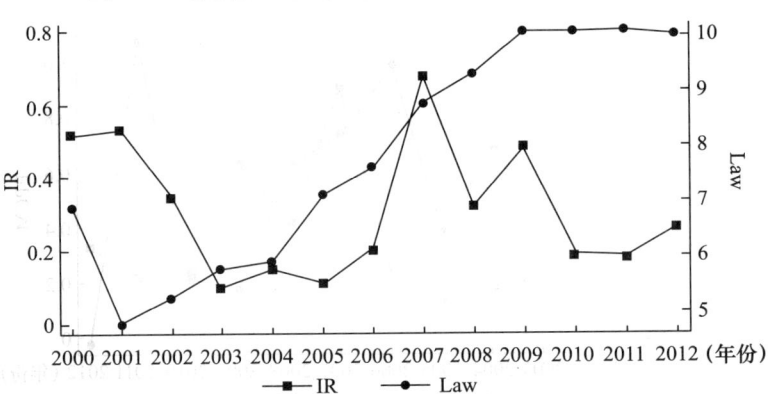

图 6-6 特质性波动（IR）与外部治理环境（Law）

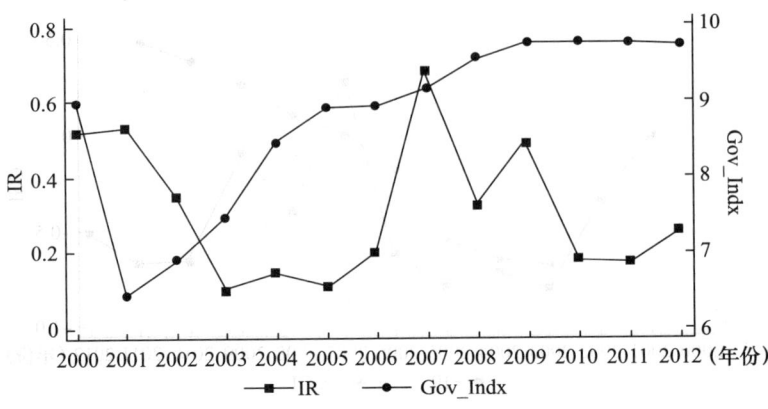

图 6-7 特质性波动（IR）与外部治理环境（Gov-Int）

6.2 多元回归分析

本书使用 Stata12.0 软件进行计量分析,基本模型如下:

$$IR_{ft} = \alpha_{ft} + \beta_1' PMC_{ft} + \beta_2'' GOVERNANCE_{ft} + \beta_3''' CONTROLs_{ft} + \varepsilon_{ft} \quad (6-2-1)$$

式中,IR_{ft} 为公司 f 在 t 年的特质性风险,PMC_{ft} 代表产品市场竞争变量,$GOVERNANCE_{ft}$ 代表公司治理(环境)变量,而 $CONTROLs_{ft}$ 则代表实证检验中需要控制的所有变量。

6.2.1 基本检验结果

6.2.1.1 产品市场竞争与股票特质性波动的关联:全行业样本

由表 6-6 基于全行业样本的回归结果可见,相较于制造业样本特质性风险显著增加的结果(吴昊旻等,2012),全行业样本的特质性风险水平呈现出更为显著的阶段性波动特征,但"竞争—风险"关系依然符合本书预期,产品市场竞争与特质性风险显著正相关(Model-1 和 Model-3),而表 6-6 加入竞争变量的平方项之后(Model-2 和 Model-4)的回归结果则表明,产品市场的适度竞争(PMC)即相对集中的行业结构(HHI)或显著的公司市场势力(EPCM)能够有效缓解股票特质性风险或其回报波动(IR),"PMC—风险"呈非线性关联(倒 U 形),这与本书的预期一致。

表 6-6 产品市场竞争(PMC)与特质性波动(IR):非线性关联(全行业样本)

	Model-1	Model-2	Model-3	Model-4
Constants	22.081***	22.269***	1.891**	1.889**
	(4.477)	(4.514)	(2.210)	(2.208)
HHI	-1.269*	-4.999**		
	(-1.792)	(-2.051)		
HHI²		3.976*		
		(1.693)		
EPCM			-0.067**	-0.267***
			(-2.076)	(-4.131)

续表

	Model－1	Model－2	Model－3	Model－4
$EPCM^2$				1.007 * (1.732)
$Size$	－0.076 ** (－2.050)	－0.075 ** (－2.029)	－0.074 ** (－2.000)	－0.074 ** (－1.999)
$Cash-hold$	0.440 (1.475)	0.444 (1.492)	0.436 (1.458)	0.435 (1.455)
$Profit\ margin$	－0.000 (－0.049)	－0.000 (－0.070)	－0.000 (－0.082)	－0.000 (－0.163)
$Leverage$	0.037 (0.086)	0.041 (0.096)	0.041 (0.096)	0.042 (0.097)
Roe	0.619 (1.446)	0.615 (1.438)	0.611 (1.424)	0.622 (1.431)
$Beta$	－0.083 *** (－5.247)	－0.083 *** (－5.233)	－0.083 *** (－5.234)	－0.083 *** (－5.234)
Age	－0.007 (－0.698)	－0.007 (－0.714)	－0.006 (－0.657)	－0.006 (－0.658)
年度	控制	控制	控制	控制
行业	控制	控制	控制	控制
Observations	14146	14717	14146	14717
$Adj-R^2$	0.062	0.067	0.072	0.075

注：括号内为 t 检验值，*** 表示 $p<0.01$，** 表示 $p<0.05$，* 表示 $p<0.1$。

6.2.1.2 公司微观治理机制与股票特质性波动：考虑竞争差异

在验证"竞争—风险"关联基础上，本书依次检验其他假设。由表6－7可见，作为公司微观治理机制核心的股权结构（集中度）以及控制权结构（两权分离度）均与特质性风险显著正相关，即中国大股东主导的集中的股权/控制权结构会加剧特质性波动，初步验证了 H1－a。大小股东间的代理冲突已成为现代公司治理的主流，无论从公司微观层面还是其所在行业的中宏观层面，资本市场（A 股主板、中小板及创业板等各板块）和产品市场（行业）上以"国有股独大"为主要特征的股权/控制权结构，仍然是推进中国公司治理环境进程的主要障碍，而机构投资者比重依然弱小甚至功能"异化"[①]。由前理论分析，考察股

---

① 见笔者的《产品市场竞争与异质性风险：理论模型与实证》中的表6－16。

权结构对于公司治理以及回报波动的影响还须结合行业竞争结构及其治理环境，大股东及机构投资者持股比例的增加还可能同时强化接管限制，表6-7的结果实际上亦印证了Ferreira和Laux（2007）关于反接管条款与特质性风险显著负相关的结论。

表6-7 公司治理（微观）与特质性波动（IR）

	Model-1	Model-2	Model-3
Constants	2.111**	2.463**	1.885
	(1.982)	(2.296)	(1.326)
Share1	0.010***		
	(3.241)		
Share1~5		1.546***	
		(3.985)	
Sep			0.015**
			(2.181)
Size	-0.104**	-0.117**	-0.082
	(-2.204)	(-2.465)	(-1.335)
Cash-hold	0.352	0.331	0.655*
	(1.021)	(0.960)	(1.694)
Profit margin	0.000	0.000	-0.000
	(0.004)	(0.030)	(-0.045)
Leverage	0.407	0.415	0.374
	(0.818)	(0.834)	(0.680)
Roe	0.693	0.674	0.643
	(1.444)	(1.405)	(1.238)
Beta	-0.144***	-0.144***	-0.155***
	(-5.844)	(-5.829)	(-5.990)
Age	0.004	0.007	-0.001
	(0.306)	(0.562)	(-0.077)
年度	控制	控制	控制
行业	控制	控制	控制
Observations	14146	14146	13950
Adj-R^2	0.075	0.082	0.064

注：括号内为t检验值，*** 表示 $p<0.01$，** 表示 $p<0.05$，* 表示 $p<0.1$。

过于集中的股权结构和高两权分离度的控制权结构是弱化的公司治理或代理冲突严重的集中体现，表6-8分别基于不同竞争程度进一步考察公司微观治理结构与其特质性风险的关系，回归结果显著支持"相对于非竞争行业，高竞争行业（Dummy_High）中弱化的公司治理对应着更高的股票特质性波动"的预期（H1b）。

表6-8 产品市场竞争、公司治理（微观）与特质性波动（IR）

	HHI			EPCM		
	Model-1	Model-2	Model-3	Model-4	Model-5	Model-6
Constants	3.583 (1.484)	4.190* (1.735)	1.944 (1.343)	3.509 (1.473)	4.110* (1.722)	2.576 (1.099)
Share1	0.015* (1.949)			0.015** (2.155)		
Dummy_High①	-0.423 (-0.949)	-0.308 (-0.879)	-0.140 (-0.508)	-0.372 (-1.627)	-0.234 (-1.503)	0.069 (0.644)
High×Share1	0.018* (1.756)			0.013** (2.417)		
Share1~5		2.020** (2.258)			2.027** (2.529)	
High×Share1~5		2.023* (1.839)			1.953*** (2.916)	
Sep			0.004 (0.493)			0.003 (0.249)
High×Sep			0.026** (2.013)			0.020* (1.858)
Size	-0.209* (-1.933)	-0.232** (-2.136)	-0.080 (-1.307)	-0.204* (-1.886)	-0.227** (-2.088)	-0.129 (-1.237)
Cash-hold	1.508*** (3.037)	1.493*** (3.007)	0.663* (1.715)	1.486*** (2.993)	1.459*** (2.940)	1.406*** (2.929)
Profit margin	-0.000 (-0.001)	0.000 (0.016)	-0.000 (-0.064)	0.000 (0.087)	0.000 (0.128)	0.000 (0.017)

① 这是代表竞争程度高低的虚拟分类标志，即在不同竞争程度（HHI、EPCM）下考察"治理—风险"关联。

续表

	HHI			EPCM		
	Model-1	Model-2	Model-3	Model-4	Model-5	Model-6
Leverage	0.599	0.594	0.383	0.598	0.580	0.598
	(0.929)	(0.921)	(0.695)	(0.928)	(0.900)	(0.951)
Roe	1.369**	1.361**	0.645	1.463**	1.452**	0.796
	(2.316)	(2.304)	(1.241)	(2.440)	(2.424)	(1.292)
Beta	-0.137***	-0.136***	-0.155***	-0.137***	-0.137***	-0.125***
	(-5.013)	(-5.002)	(-5.981)	(-5.022)	(-5.009)	(-4.556)
Age	0.045*	0.054**	-0.002	0.045*	0.054**	0.023
	(1.706)	(2.032)	(-0.130)	(1.710)	(2.050)	(0.925)
年度	控制	控制	控制	控制	控制	控制
行业	控制	控制	控制	控制	控制	控制
Observations	14146	14146	13950	14146	14146	13950
Adj-R^2	0.024	0.024	0.025	0.024	0.025	0.016

注：括号内为 t 检验值，*** 表示 $p<0.01$，** 表示 $p<0.05$，* 表示 $p<0.1$。

6.2.1.3 治理、竞争与特质性波动：各行业的"国企独大"（ROG）的影响

由前文理论分析，本书认为，不同于公司内部股权结构的"国有股独大"，各行业的"国企独大"是基于中宏观层面考察行业整体的产权或治理结构对于公司竞争及其风险回报的系统性影响，在国企尤其是上市公司普遍热衷于构建政治关联等现实背景之下，后者其实更具代表性和解释力。由表 6-9 可见，国有股整体占比（ROG）更大的行业，其公司的股票特质性波动更为显著，而高竞争还会强化上述关联。与表 6-10 关于"国企比重—竞争"关系的描述性统计结果一致，表 6-9 的回归结果初步印证了各行业的"国企独大"会"双向加剧"行业的低效垄断和低效竞争（即"双低"并存），并最终引致公司回报的显著波动（H2-a），而行业竞争结构（PMC）的变化可能正是各行业的"国企独大"最终加剧股票特质性风险或其回报波动的一个可信传导路径。实际上，上市公司所在各行业的"国企独大"正是中国公司内部治理机制弱化与外部治理环境滞后的典型体现，表 6-10 的结果支持 H3 关于"更好的公司治理环境能够有效抑制股票特质性风险或其回报波动"的理论预期。

表 6-9 产品市场竞争、国有股占行业的比重（ROG）与特质性波动（IR）

	Model-1	Model-2	Model-3	Model-4	Model-5
	全样本	HHI		EPCM	
		低竞争	高竞争	低竞争	高竞争
$Constants$	3.193 (1.420)	5.049 (1.488)	1.532* (1.889)	4.756 (1.168)	2.276 (0.732)
ROG	0.625* (1.853)	0.106 (0.129)	0.354** (2.294)	0.437 (0.503)	0.843* (1.883)
$Size$	-0.142 (-1.410)	-0.221 (-1.513)	-0.073** (-2.013)	-0.220 (-1.399)	-0.112 (-0.801)
$Cash-hold$	1.392*** (2.962)	1.564** (2.289)	1.405*** (8.773)	-0.073 (-0.102)	2.494*** (3.697)
$Profit\ margin$	-0.000 (-0.040)	-0.002 (-0.215)	0.000 (0.158)	-0.032 (-0.623)	0.000 (0.200)
$Leverage$	0.554 (0.909)	0.667 (0.725)	0.432** (2.218)	0.667 (0.711)	0.504 (0.602)
Roe	1.467*** (2.582)	2.092** (2.425)	0.117 (0.664)	3.624*** (3.789)	0.840 (0.982)
$Beta$	-0.133*** (-5.058)	-0.147*** (-4.448)	0.040*** (2.905)	-0.222*** (-5.577)	-0.089** (-2.273)
Age	0.013 (0.579)	0.021 (0.637)	-0.011 (-1.214)	0.060* (1.743)	-0.008 (-0.224)
年度	控制	控制	控制	控制	控制
行业	控制	控制	控制	控制	控制
Observations	14717	10570	4249	5593	9226
$Adj-R^2$	0.020	0.033	0.086	0.115	0.009

注：括号内为 t 检验值，*** 表示 $p<0.01$，** 表示 $p<0.05$，* 表示 $p<0.1$。

在表 6-9 结果基础上，进一步的追问是，国企又何以"独大"？本书认为，这得益于事前的政府管制安排便利（如产权结构等先天性制度安排）以及事后的政府管制执行倾斜（如预算软约束、信贷歧视等），故国企的"独大"及其引致的产品市场竞争及其回报波动的加剧等负面经济后果，从根本上即源自内生于中国制度背景的公司治理环境的弱化。实际上，上市公司所在各行业的"国企独大"正是中国公司内部治理机制弱化与外部治理环境滞后的典型体现,而公司治理环境的弱化又会促生国企的"独大"(见表6-10)。

表6-10 公司内部治理水平(CGI)及外部治理环境与特质性波动(IR)

	Model-1	Model-2	Model-3	Model-4
Constants	1.958 (1.435)	2.014* (1.783)	2.177* (1.887)	1.823 (1.618)
CGI	-0.124* (-1.749)			
Market		-0.051* (-1.870)		
Gov-Int			-0.051 (-1.271)	
Law				-0.034** (-2.561)
Size	-0.088 (-1.485)	-0.053 (-1.089)	-0.059 (-1.223)	-0.052 (-1.068)
Cash-hold	1.144*** (3.113)	0.719* (1.846)	0.704* (1.808)	0.722* (1.854)
Profit margin	-0.000 (-0.001)	-0.000 (-0.024)	-0.000 (-0.032)	-0.000 (-0.032)
Leverage	0.430 (0.827)	0.215 (0.438)	0.265 (0.544)	0.185 (0.378)
Roe	0.485 (1.057)	0.717 (1.386)	0.712 (1.375)	0.717 (1.385)
Beta	-0.047** (-2.066)	-0.200*** (-6.860)	-0.200*** (-6.869)	-0.199*** (-6.845)
Age	-0.004 (-0.245)	-0.008 (-0.531)	-0.007 (-0.519)	-0.007 (-0.498)
年度	控制	控制	控制	控制
行业	控制	控制	控制	控制
Observations	12891	14734	14734	14734
Adj-R^2	0.012	0.010	0.009	0.016

注:括号内为t检验值,*** 表示 $p<0.01$,** 表示 $p<0.05$,* 表示 $p<0.1$。

表6-11基于竞争程度差异(PMC)以及表6-12基于不同治理水平(宏微观层面)的进一步检验结果表明:高竞争程度(Dummy_High)和低治理水平下(Dummy_Low)的"国企比重ROG—风险"的正向关联均更为显著,作为公司治理环境显著滞后的典型体现(见表6-9),各行业的"国企独大"还同时显著加剧了行业竞争以及回报波动,"国企独大"对于行业竞争与垄断的"双向加剧"正是其引致"双重效率损失"的制度渊源和传导路径,这显著支持了本书H2a及H3的理论预期。

表6-11 产品市场竞争、国有股占行业的比重(ROG)与特质性波动(IR)

	Model-1	Model-2
Constants	1.650***	1.357**
	(2.931)	(2.427)
ROG	-0.126	0.244
	(-1.049)	(1.166)
Dummy_High(HHI)	-0.408***	
	(-2.905)	
High×ROG	0.683***	
	(2.717)	
Dummy_High(EPCM)		-0.015
		(-0.168)
High×ROG		0.166*
		(1.938)
Size	-0.057**	-0.057**
	(-2.113)	(-2.130)
Cash-hold	0.220	0.222
	(0.456)	(0.461)
Profit margin	-0.000*	-0.000**
	(-1.907)	(-1.975)
Leverage	0.215	0.237*
	(1.595)	(1.656)
Roe	0.458*	0.486*
	(1.782)	(1.766)
Beta	-0.144	-0.144
	(-1.058)	(-1.058)

第6章 实证结果分析

续表

	Model-1	Model-2
Age	-0.006	-0.006
	(-0.540)	(-0.532)
年度	控制	控制
行业	控制	控制
Observations	14819	14819
Adj-R²	0.008	0.008

注：括号内为t检验值，*** 表示p<0.01，** 表示p<0.05，* 表示p<0.1。

表6-12　公司治理水平、国有股占行业的比重（ROG）与特质性波动（IR）

	Model-1	Model-2	Model-3	Model-4
Constants	1.975*	1.694	1.697	1.801*
	(1.815)	(1.584)	(1.591)	(1.680)
Dummy_Low（CGI）①	-0.222			
	(-0.872)			
Low×ROG	-0.101***			
	(-2.588)			
Dummy_Low（Market）		-0.380		
		(-1.331)		
Low×ROG		-0.109***		
		(-2.846)		
Dummy_Low（Law）			-0.307	
			(-1.075)	
Low×ROG			-0.092***	
			(-2.800)	
Dummy_Low（Gov_Int）				-0.442
				(-1.510)
Low×ROG				-0.116***
				(-2.870)
Size	-0.076*	-0.062	-0.065	-0.065
	(-1.661)	(-1.365)	(-1.437)	(-1.439)

---

① 这是代表治理水平高低差异的虚拟分类标志，即在不同治理水平下考察"ROG—风险"的关联。

续表

	Model-1	Model-2	Model-3	Model-4
Cash-hold	0.387	0.479	0.469	0.476
	(1.156)	(1.421)	(1.387)	(1.414)
Profit margin	-0.000	-0.000	-0.000	-0.000
	(-0.036)	(-0.028)	(-0.040)	(-0.027)
Leverage	0.348	0.243	0.259	0.245
	(0.720)	(0.503)	(0.535)	(0.507)
Roe	0.772*	0.813*	0.803*	0.830*
	(1.658)	(1.747)	(1.726)	(1.785)
Beta	-0.143***	-0.144***	-0.144***	-0.144***
	(-5.952)	(-5.965)	(-5.958)	(-5.960)
Age	-0.001	-0.007	-0.006	-0.005
	(-0.129)	(-0.564)	(-0.540)	(-0.436)
年度	控制	控制	控制	控制
行业	控制	控制	控制	控制
Observations	14819	14819	14819	14819
Adj-R^2	0.028	0.025	0.026	0.027

注：括号内为 t 检验值，*** 表示 $p<0.01$，** 表示 $p<0.05$，* 表示 $p<0.1$。

6.2.1.4 治理、竞争与特质性波动：成长性差异的影响①

成长性差异是影响公司财务政策选择及其绩效的重要环境变量，同时也是在新兴/转轨经济背景下考察公司产品市场竞争及其所在治理环境的一个关键影响因素。与前文理论分析相呼应，表 6-13 的结果表明，中国新兴/转轨经济背景下公司普遍面临的高成长压力是加剧其代理冲突、产品市场竞争及其回报波动等负面经济后果的一个重要推手（杨兴全和吴昊旻，2011）；在高竞争环境下（Dummy_High），高成长性会显著加剧股票特质性波动（见表 6-13），而公司治理水平越低（Dummy_Low），高成长性的负面经济后果（通过加剧竞争进而加剧了特质性波动）也越显著（见表 6-14），支持 H2b 的预期。

---

① 本书认为，中国经济持续高速增长的大背景之下的诸多行业企业普遍面临更高的高成长性（Growth）或更多的成长机会（Growth Opportunities），是我国的公司治理环境和产品市场竞争的一个重要特征；而且，正如我们的前期研究所指出的，高成长性可以成为公司治理环境改善的一种有效基础（杨兴全和吴昊旻，2011）。鉴于此，本书对"成长性差异的影响"做了"额外的"考量，即相对于这里的简单考察，做了更为纵深详细的检验，具体请参见本书的附录。

第6章 实证结果分析

表6-13 产品市场竞争、成长性差异与特质性波动（IR）

	Model-1	Model-2
Constants	5.256	5.244
	(1.573)	(1.576)
Grow	-0.009	-0.000
	(-1.425)	(-1.512)
Dummy_High (HHI)	-0.017	
	(-0.525)	
High × Grow	0.012*	
	(1.825)	
Dummy_High (EPCM)		0.021
		(1.098)
High × Grow		0.011*
		(1.732)
Size	-0.049***	-0.050***
	(-2.616)	(-2.599)
Cash-hold	-0.272	-0.273
	(-1.432)	(-1.435)
Profit margin	-0.000	-0.000
	(-0.905)	(-0.894)
Leverage	0.243	0.251
	(1.117)	(1.129)
Roe	-1.091	-1.070
	(-1.197)	(-1.190)
Beta	-3.967	-3.967
	(-1.389)	(-1.389)
Age	0.001	0.001
	(0.212)	(0.203)
年度	控制	控制
行业	控制	控制
Observations	17045	17045
Adj-R^2	0.173	0.173

注：括号内为 t 检验值，*** 表示 $p<0.01$，** 表示 $p<0.05$，* 表示 $p<0.1$。

表 6-14 公司治理水平、成长性差异与特质性波动（IR）

	Model-1	Model-2	Model-3	Model-4
Constants	1.924**	1.868**	1.690**	1.836**
	(2.279)	(2.201)	(1.985)	(2.179)
Grow	-0.001	0.000	0.000	0.000
	(-1.126)	(0.529)	(0.533)	(0.531)
Dummy_Low (CGI)	-0.031			
	(-0.647)			
Low × Grow	-0.001*			
	(-1.842)			
Dummy_Low (Market)		-0.016		
		(-0.175)		
Low × Grow		-0.003***		
		(-2.791)		
Dummy_Low (Law)			0.107	
			(1.115)	
Low × Grow			-0.003**	
			(-2.157)	
Dummy_Low (Gov_Int)				0.010
				(0.153)
Low × Grow				-0.002
				(-0.601)
Size	0.102***	0.104***	0.105***	0.104***
	(2.690)	(2.750)	(2.779)	(2.750)
Cash-hold	-0.130	-0.131	-0.135	-0.132
	(-0.676)	(-0.683)	(-0.702)	(-0.687)
Profit margin	-0.000	-0.000	-0.000	-0.000
	(-0.446)	(-0.446)	(-0.451)	(-0.447)
Leverage	0.069	0.070	0.067	0.072
	(0.293)	(0.297)	(0.286)	(0.309)
Roe	-0.561***	-0.549***	-0.550***	-0.551***
	(-2.739)	(-2.684)	(-2.688)	(-2.693)
Beta	-4.205***	-4.204***	-4.204***	-4.204***
	(-56.540)	(-56.533)	(-56.539)	(-56.520)
Age	0.030***	0.029***	0.034***	0.030***
	(3.689)	(3.246)	(3.719)	(3.590)

续表

	Model-1	Model-2	Model-3	Model-4
年度	控制	控制	控制	控制
行业	控制	控制	控制	控制
Observations	17045	17045	17045	17045
Adj-R^2	0.211	0.211	0.211	0.211

注：括号内为t检验值，*** 表示 $p<0.01$，** 表示 $p<0.05$，* 表示 $p<0.1$。

6.2.2 进一步检验

6.2.2.1 "竞争—治理—风险"效应：整体考虑

在结合竞争程度高低及治理水平差异分别考察了股权/控制权结构、"国企独大"（ROG）以及成长性差异等对股票特质性波动之影响的基础上，本书又基于公司整体的治理水平（CGI）及其所在的外部治理环境差异，并结合竞争程度高低对"竞争—治理—风险"整体关联进行了纵深检验。表6-15的结果表明，弱化的公司治理会加剧产品市场竞争并进而引致显著的特质性波动，更好的公司治理环境对于剧烈特质性波动的抑制效应在高竞争行业（Dummy_High）中更为显著，进一步支持了H3的理论预期。

表6-15 产品市场竞争、公司治理水平与特质性波动（IR）

	HHI				EPCM			
	Model-1	Model-2	Model-3	Model-4	Model-5	Model-6	Model-7	Model-8
Constants	1.957 (1.403)	1.666 (1.424)	1.873 (1.557)	1.523 (1.314)	1.945 (1.426)	1.970* (1.734)	2.285* (1.949)	1.809 (1.604)
CGI	-0.055 (-0.645)				-0.086 (-1.049)			
Dummy_High	0.023 (0.081)	0.589 (1.454)	0.598 (1.143)	0.381 (1.238)	0.120 (1.529)	0.128 (0.447)	-0.173 (-0.409)	0.060 (0.353)
CGI×High	-0.173* (-1.803)				-0.179* (-1.942)			
Market		-0.016 (-0.502)				-0.047 (-1.480)		
Market×High		-0.076** (-2.063)				-0.108* (-1.759)		

续表

	HHI				EPCM			
	Model-1	Model-2	Model-3	Model-4	Model-5	Model-6	Model-7	Model-8
Gov_Int			-0.015				-0.065	
			(-0.327)				(-1.384)	
$Gov\_Int \times High$			-0.076				0.026	
			(-1.473)				(0.550)	
Law				-0.011				-0.034**
				(-0.652)				(-2.105)
$Law \times High$				-0.051**				-0.100*
				(-2.390)				(-1.716)
$Size$	-0.089	-0.051	-0.058	-0.049	-0.090	-0.054	-0.060	-0.053
	(-1.512)	(-1.035)	(-1.191)	(-1.000)	(-1.516)	(-1.104)	(-1.240)	(-1.084)
$Cash-hold$	1.148***	0.725*	0.705*	0.732*	1.148***	0.718*	0.697*	0.719*
	(3.124)	(1.862)	(1.811)	(1.880)	(3.123)	(1.842)	(1.789)	(1.846)
$Profit\ margin$	0.000	-0.000	-0.000	-0.000	0.000	-0.000	-0.000	-0.000
	(0.021)	(-0.011)	(-0.031)	(-0.023)	(0.047)	(-0.016)	(-0.033)	(-0.028)
$Leverage$	0.479	0.239	0.290	0.202	0.469	0.237	0.278	0.205
	(0.919)	(0.488)	(0.594)	(0.413)	(0.901)	(0.482)	(0.569)	(0.418)
Roe	0.485	0.698	0.702	0.691	0.612	0.798	0.781	0.795
	(1.056)	(1.348)	(1.357)	(1.335)	(1.309)	(1.505)	(1.473)	(1.501)
$Beta$	-0.047**	-0.201***	-0.201***	-0.200***	-0.046**	-0.200***	-0.200***	-0.199***
	(-2.071)	(-6.898)	(-6.894)	(-6.868)	(-2.061)	(-6.862)	(-6.875)	(-6.848)
Age	-0.003	-0.009	-0.008	-0.007	-0.004	-0.008	-0.007	-0.007
	(-0.210)	(-0.593)	(-0.567)	(-0.519)	(-0.239)	(-0.530)	(-0.509)	(-0.497)
年度	控制	控制	控制	控制	控制	控制	控制	控制
行业	控制	控制	控制	控制	控制	控制	控制	控制
Observations	12891	14734	14734	14734	12891	14734	14734	14734
$Adj-R^2$	0.046	0.051	0.032	0.047	0.043	0.040	0.032	0.041

注：括号内为 t 检验值，*** 表示 $p<0.01$，** 表示 $p<0.05$，* 表示 $p<0.1$。

6.2.2.2 "竞争—治理—风险"效应：内生性检验

本书的理论分析和实证结果表明，相对集中的行业结构（HHI）或显著的公司市场势力（EPCM）即产品市场的适度竞争（PMC），之所以能够显著缓解股票特质性风险或其回报波动（IR），应该得益于公司治理（环境）的日益完善，更好的公司治理（环境）能够促进更高质量（适度）的竞争（PMC），并进而使股票的特质性风险或其回报波动（IR）也回归至适度水平（即"PMC-IR"非线性相关）。然而诸多研究发现，产品市场竞争同时具有显著的公司治理效应，故其内生性问题亦不可忽视。为此，本书使用两阶段回归（2OLS）对"竞争—治理"的内生互动及其对股票特质性波动的影响予以检验，表6-16的结果表明"竞争—治理"的内生互动并未影响预期结果。

表6-16 "竞争—治理"的互动与股票特质性波动（IR）：2OLS结果

	HHI				EPCM			
	Model-1	Model-2	Model-3	Model-4	Model-1	Model-2	Model-3	Model-4
Constants	-0.011 (-1.055)	-0.014 (-1.135)	-0.010 (-1.051)	-0.017* (-1.890)	0.384*** (10.303)	0.367*** (5.076)	0.377*** (11.699)	0.369*** (11.492)
CGI	0.002 (1.070)				0.004* (1.665)			
Dummy_High	-0.008 (-0.708)	-0.006 (-0.913)	-0.001 (-0.136)	-0.009 (-0.918)	0.001 (0.016)	0.002 (0.111)	0.007 (0.171)	-0.001 (-0.015)
CGI×High	-0.002** (-2.630)				-0.004* (-1.827)			
Market		0.000 (0.173)				-0.000 (-0.869)		
Market×High		-0.001** (-2.017)				-0.005** (-2.121)		
Gov_Int			-0.002** (-2.186)				-0.002*** (-2.644)	
Gov_Int×High			-0.001 (-0.456)				0.001 (0.221)	
Law				0.001* (1.934)				0.000 (0.945)
Law×High				-0.001* (-1.861)				-0.004* (-1.951)

续表

	HHI				EPCM			
	Model-1	Model-2	Model-3	Model-4	Model-1	Model-2	Model-3	Model-4
Size	-0.013***	-0.012***	-0.012***	-0.012***	-0.012***	-0.012***	-0.012***	-0.012***
	(-9.718)	(-7.263)	(-11.327)	(-11.650)	(-9.545)	(-7.459)	(-11.204)	(-11.554)
Cash-hold	-0.014	-0.012	-0.011	-0.013	-0.013	-0.011	-0.011	-0.012
	(-1.116)	(-1.508)	(-1.137)	(-1.260)	(-1.064)	(-1.440)	(-1.075)	(-1.190)
Profit margin	0.000	0.000***	0.000	0.000	0.000	0.000***	0.000	0.000
	(0.437)	(6.286)	(0.515)	(0.509)	(0.458)	(6.134)	(0.512)	(0.499)
Leverage	0.018	0.017**	0.014	0.019	0.018	0.016**	0.014	0.018
	(1.274)	(2.162)	(1.210)	(1.573)	(1.226)	(2.213)	(1.176)	(1.513)
Roe	-0.021	-0.017	-0.016	-0.018	-0.021	-0.017	-0.015	-0.018
	(-1.269)	(-1.508)	(-1.220)	(-1.364)	(-1.289)	(-1.419)	(-1.112)	(-1.371)
Beta	-0.008	-0.002	-0.003	-0.002	-0.007	-0.002	-0.002	-0.002
	(-1.149)	(-0.090)	(-0.488)	(-0.462)	(-1.104)	(-0.081)	(-0.472)	(-0.386)
Age	0.000	0.000	0.000	0.000	0.000	0.000	0.000	0.000
	(0.590)	(0.904)	(1.365)	(0.969)	(0.576)	(0.910)	(1.370)	(0.986)
年度	控制	控制	控制	控制	控制	控制	控制	控制
行业	控制	控制	控制	控制	控制	控制	控制	控制
Observations	10326	12518	12518	12518	10263	12450	12450	12450
$Adj-R^2$	0.046	0.049	0.045	0.051	0.057	0.055	0.056	0.054

注：括号内为 t 检验值，*** 表示 $p<0.01$，** 表示 $p<0.05$，* 表示 $p<0.1$。

6.2.3 稳健性检验

6.2.3.1 针对产品市场竞争（PMC）变量

本书从行业聚散结构（HHI）和公司市场势力（EPCM）两大方面，对产品市场竞争进行了多维度量，同时又在公司治理机制的微观层面（包括股权/控制权结构、公司内部的整体治理水平 CGI）以及其所在外部治理环境的宏观层面（国有股占其行业的比重 ROG、市场化指数），综合衡量了公司治理（环境）的影响，实际已充分考虑了两大主要变量的稳健性，故这里的稳健性检验主要针对被解释变量特质性波动（IR）。

6.2.3.2 针对股票特质性波动（IR）变量

对于特质性波动（IR）的变量，除CAPM单因素模型外，其多因素扩展模型如Fama – French三因素模型等也被很多研究证实在中国资本市场具有较好的适用性（陈展辉，2004；吴昊旻等，2012）。对于新兴/转轨背景下的中国资本市场而言，单纯由系统性风险解释股票回报率是不够的，尚有其他风险因素在股票定价中具有不容忽视的作用，多因素模型可能更具解释力。

出于稳健性考虑，本书进一步查阅国内外相关文献，遵循主流研究路径，又分别按以下三种方法对特质性波动予以多维度量，即分别采用了CAPM回归残差的标准差，并同时基于国外主流研究所采用的市场模型（Market Model）、Fama – French三因素模型、回归残差的标准差三种方式（均使用日回报高频数据），替代度量了股票特质性波动（IV，以示区别）。为使结果更为精确，在采用三种方法分别计算某只股票的特质性波动时，均采用了日回报高频数据估算其月度值。值得说明的是，采用不同方法度量时，产品市场竞争（PMC）各个变量显示出不稳定的特征，本书认为，这除了与我国的产品/资本市场的发展现状或相对滞后有关，也显示出产品市场竞争（PMC）多维度量指标本身的适用性差异；而且，公司市场势力（EPCM）与其行业聚散结构（HHI）实证检验结果并不完全对应，这与图6-1和图6-2、图6-3的描述性相呼应；公司市场势力指标（EPCM）的结果始终稳定，这与主流研究普遍采用该指标并均显著支持其预期的结果一致。

此外，本书还分别报告了主要变量的检验结果及其描述性统计，统计显示，不同度量方式下的特质性波动（0.27左右）与本书基于CAPM回归残差估算的特质性波动水平（IR）接近（Bali et al.，2005；Bekaert et al.，2012），采用Fama – French三因素模型与本书基于CAPM日残差回归方法度量的特质性波动（IR）的相关性超过0.86，检验结果保持稳健。

第7章 研究结论与启示

7.1 研究结论

国内外诸多研究表明,产品市场上的激烈竞争(PMC)会加剧公司股票的特质性波动(IR),并导致其与回报的普遍背离。本书基于产品市场竞争(PMC)的中宏观视角,在"竞争—风险"关联中首次纳入公司治理(环境)考量,以中国沪深A股上市公司以及中国工业企业数据集为样本,从公司微观治理机制(包括股权/控制权结构、公司内部的整体治理水平CGI)及其所在的中宏观治理环境(行业的国有股比重ROG、市场化指数)两大层面,纵深考察公司治理(环境)如何影响"竞争—风险"关联。本书基于沪深A股上市公司以及中国工业企业2000~2013年样本的实证研究发现:

(1)中国上市公司(全行业样本)的股票特质性波动(IR)已处于较高水平,且具有明显的阶段性波动特征,特质性波动与趋高的市场风险($1-R^2$)的"背离"依然明显,表明中国资本市场的"政策市"和散户居多的"投机市"特征并未有效缓解(且有加剧趋势)。

(2)产品市场竞争与特质性波动即"竞争—风险"呈显著的非线性关系(倒U形),产品市场的适度竞争(行业结构相对集中、公司市场势力更为显著时)能够有效缓解股票的特质性波动,过于激烈的产品市场竞争会加剧公司的特质性波动。

(3)弱化的公司治理(环境)在加剧产品市场竞争(PMC)的同时,还会加剧股票的特质性波动,特别是在国有股比重(ROG)更大的行业,其股票特质性波动更为显著;以国企为主体的上市公司间竞争以及以国有经济为主导的行业竞争格局"畸形"依旧,(尤其自2008年金融危机后)国企的日益做大并没有起到显著优化行业竞争结构、提升行业整体竞争绩效的作用,相反却"双向加剧"了行业的行政性垄断与无序竞争(竞争过于激烈),进而引致了显著的特质性波动,说明中国新时期关于产业结构优化调整的一系列新政尚未甚或未能发挥其有效的治理功能。

(4)成长性差异是影响公司产品市场竞争及其有效治理的一个关键环境变量,在我国政府更倾向于优先支持"国字号、规模大、势力强、成长快、技术新"特征的企业的"理性"偏好背景之下,高成长性(机会)成为国企巩固其已有优势的更有利基础(相对于民企);本书的研究首次指出,中国新兴/转轨经济背景下公司普遍面临的高成长压力是加剧其代理冲突、产品市场竞争及其回报波动等负面经济后果的一个重要推手,产品市场高度竞争(Dummy_ High)或公司治理更为低效时(Dummy_ Low),更高的成长性会显著加剧股票的特质性波动①。

(5)本书的研究表明:总体向好但仍然相对滞后的公司治理环境,是加剧中国上市公司产品市场竞争及其负面经济后果的根本原因,更好的公司治理(环境)能够有效抑制(尤其是在高竞争行业中)产品市场的过度竞争及其引致的显著特质性波动,有助于提升产品市场竞争(PMC)的质量或效率,良好的公司治理环境可以为产品市场的竞争设置一个"效率边界",以使其竞争效率不至于倒"U"形递减。

7.2 研究启示与政策建议

本书的研究不仅为产品市场的过度竞争及其引致的显著特质性波动(IR)的有效治理提供了经验证据,同时,也从产品市场竞争(PMC)的中宏观视角

---

① 这是产品市场竞争何以应该保持适度的一个重要背景,因为高成长具有"加剧竞争效应";更为重要的是,过于激烈的产品市场竞争还会加剧无序竞争或"争宠式"竞争(因为普遍的政府干预),从而造成更大的效率损失。

"重申"了国企的"双重效率损失"(刘瑞明和石磊,2010),为中国上市公司所在行业"双低并存"的竞争格局以及各行业"国企独大"引致的双重危害,提供了基于产品市场竞争(PMC)之传导路径的可信解释。

本书的研究对于中国从产品市场竞争(PMC)及其有效治理即"竞争—治理"的内生互动入手,宏微观"双管齐下",通过国企的有效治理进而系统地推动和优化我国的产品市场竞争格局、推进产业结构的转型升级等提供了新的经验启示,故具有重要的理论及决策参考价值。

值得说明的是,本书的研究还存在明显的不足,也可以作为未来研究的一个方向,本书的研究将持续跟进:

首先,考虑到产品市场竞争之公司治理效应(Giroud et al.,2011)的已有研究,本书对于"竞争—治理"的互动及其经济后果分析仍有待深入,尚未检验产品市场的激烈竞争(尤其是面临高成长时)是否也会同时促动公司的管理层主动引入更为有效的公司治理机制(如外部审计/监督、放松接管限制等)。

其次,考虑到样本的代表性以及研究结论的适用性,受制于变量及数据等原因,本书基于沪深 A 股上市公司和中国工业企业数据样本的实证结论是否同时适用于那些对行业竞争具有潜在较大影响的更多的非上市企业,仍然值得进一步研究。国外的主流研究也注意到了这一点(Thesmar and Thoenig,2009),统一采用"销售收入增长率的滚动标准差"($Rolivol_{it}$)度量公司的特质性回报波动(Comin and Philippon,2005;Comin and Mulani,2006;Davis et al.,2006);而考虑到总的波动(Aggregate Volatility)可能影响公司的特质性波动(IR),也有学者采用另外一种方法,即"公司对行业冲击的反应"度量公司的特质性回报波动(Thesmar and Thoenig,2007;Sraer and Thesamr,2007)。研究结果显示,上市公司样本的特质性回报波动幅度更大(由 15% 增加到 18%),而非上市企业样本的回报波动幅度较小(在 1% 左右),基本呈现出相反的变化趋势,且其变化趋势的幅度相对小于吴昊旻等(2012)采用制造业上市公司样本度量的特质性波动水平,一个可能的原因是工业企业即制造业企业的特质性回报波动相对较高。由于这些度量方式往往需要更长时期的样本,如采用"销售收入增长率的滚动标准差"($Rolivol_{it}$)方式需要企业近 10 年即 t 年前 4 年以及其后 5 年的数据,采用"公司对行业冲击的反应"方式则一般需要至少 20 年的数据,而我国的资本市场仅有 20 余年的发展历史,且其前期数据基本不可用,上市公司尚且如此,非上市企业的数据质量更可想而知,故对于企业特质性回报波动(IR)的精确度量还须依赖更为长期和发达的资本市场以及日臻完善的信息系统与"大数据"建设。

此外，本书研究的样本期间横跨 2008 年的全球性金融危机，金融危机对于企业基本经营环境（包括宏微观政策与治理环境）以及公司决策行为的影响是系统性的，对其回报波动的影响也显而易见，故在相关数据和样本日趋完善的未来，深入考虑金融危机或宏观经济不确定性等环境因素对于本书研究的影响，也是值得深挖的命题。

附　录

早在七年前，我们的团队就对行业/企业的"成长性"问题产生好奇并拟予以纵深的关注。我们发现：几乎所有的公司财务及资本市场会计实证研究均涉及对于公司及其行业的成长性（Growth Opportunities）的考量，或者均将成长性（Growth）作为一项重要的、影响公司财务政策及其经济后果的关键变量予以不同程度的考察。但相关研究的结论分歧显著。在深入分析梳理相关的文献之后，我们认为，除理论基础、研究方法以及检验技术等方面的分歧之外，研究对象或制度环境的差异，以及此时对于成长性等内生或外生环境因素的不同考量，应该是造成结论分歧的根本原因。Hutchinson 和 Gul（2004）等的研究甚至明确指出，之所以出现公司治理与公司业绩弱相关乃至相反等的分歧性结果，一个重要的原因就在于公司成长性等外部环境的影响差异所致。

在中国经济持续高速增长的大背景之下，诸多行业企业普遍面临更高的高成长性（Growth）或更多（好）的成长机会（Growth Opportunities），这已经成为我国产品市场竞争及其公司治理环境的一个重要（微观）特征。因此我们察觉到，处于新兴/转轨背景下我国的制度环境特征可能有助于理解和"澄清"成长性差异的潜在重要影响。为此，我们从成长性、代理冲突与公司财务政策之系统关联的多维视角，着眼于将成长性差异作为一个关键变量时，考察其是否可以成为影响公司代理冲突及其治理与公司财务政策选择的一个重要基础？我们的理论分析如下（杨兴全和吴昊旻，2011）：

作为一种制度环境——尤其是作为新兴/转轨经济国家行业与公司的典型特征，成长性差异显著影响公司的财务政策，而其对于公司投资行为以及公司价值的影响则更为直接而系统，公司治理与公司业绩的关系受制于成长性的高低，成长性通过投资决策、融资选择与股利政策等关键财务政策的中介作用影响公司治理与其价值的相关性；在财务政策中，投资决策更具有基础性，融资政策与股利政策都基于提高投资效率而进行选择，将成长性差异影响与公司投资决策相结合，或在公司的投资等关键财务政策的研究和实践中深入考量成长机会影响，将使代理冲突及其公司治理更具有针对性和有效性。（高）成长性显然具有显著的"治理效应"：高成长性可以成为公司治理环境改善的一种有效基础，减少非效率投资，弱化代理冲突；或可为新兴/转轨市场经济国家的行业与公司的发展提供一种"增长型动力或发展路径"①，从而体现其显著的正向"治理效应"；但在同样的背景之下，高成长性也可能加剧投资不足并成为严重代理冲突的一个主要诱因。成长性之影响效应的"多维并存"，显然并不会弱化其积极的治理功能，反而正好映射出新兴/转轨经济国家的行业竞争格局及其公司财务政策的"多元特征"，以及现代公司财务理论研究的某些"缺项"。深入关注（高）成长性的显著"公司治理效应"，可以为公司代理冲突及其治理，以及其投融资选择等关键财务政策提供更为清晰的决策信号；系统关注公司如何有效权衡宏微观多因素影响并充分利用成长机会，以使之更多发挥其显著的"正向治理效应"，或可成为后续研究的一个有价值的新视角或新趋势。

这篇聚焦"成长性"影响的文章最终经多次修改后发表在《会计研究》2011年第8期，而本书附录的这篇文章，算是对我们关于成长性之影响的"理论预期"的一个"试验"（修改后发表在《中南财经政法大学学报》2015年第6期）。在此，再次提出"成长性"特征并对其影响做一个"额外的"考量，除为增加本书第6章实证检验部分关于"成长性差异之影响"考察的"分量"之外，更是为请有识之士能对其予以更为纵深而系统的关注。抛砖引玉，尚有期来者。

---

① 在新兴/转轨市场经济国家，高成长性很可能是保障公司尤其是垄断型公司绩效及其市场势力的一个重要基础，有研究表明，保持经济高速增长是解决这类市场发展中"政—企"相关代理问题的一个有效方式（Stigler，1971；钟海燕等，2010；潘越等，2009）。

产品市场竞争、成长性与股票特质性波动[①]

——基于中国上市公司的经验证据

吴昊旻[1] 谭伟荣[1,2] 杨兴全[1]

1. 石河子大学经济与管理学院/公司治理与管理创新研究中心,新疆,石河子市　832000
2. 重庆大学经济与工商管理学院,重庆市　400030

摘　要：诸多研究表明,产品市场的激烈竞争会加剧股票特质性波动（IR）,并导致其与回报的普遍背离。本文以中国沪深 A 股上市公司 2000～2012 年数据为样本,进一步检验"PMC－IR"关联,研究发现,中国资本市场的特质性波动已处于较高水平,且具有明显的阶段性波动特征,相对较低的特质性波动与过高的市场风险的"背离"依然明显,表明中国资本市场的"政策市"和"投机市"特征并未有效缓解,且有加剧趋势。我们的研究在 Gaspar 和 Massa（2006）等关于产品市场竞争的加剧会导致特质性风险激增的结果基础上,进一步发现了"PMC－IR"的非线性关联（倒 U 形）,即产品市场的适度竞争能有效缓解股票特质性波动,而日趋激烈的产品市场竞争会显著加剧股票特质性波动。成长性差异是影响其"PMC－风险"效应的一个关键环境变量,我们的研究还首次指出,处于新兴/转轨经济背景下的中国上市公司普遍面临的高成长压力是加剧其产品市场竞争并进而引致股票回报显著波动的一个重要推手,高成长压力具

---

① 本文修改后发表在《中南财经政法大学学报》2015 年第 6 期（pp. 114 - 125）。在发表之前,曾先后受邀参加了在西南财经大学承办的第 20 届"中国财务学年会"（2015 年 6 月）以及西安交通大学承办的"第七届海峡两岸会计学术研讨会"（2015 年 9 月）,并分别在分会场进行了讨论,吸收了很多有益的意见和建议。

有"竞争加剧效应"。本文为着意提升产品市场的竞争质量即保持产品市场的适度竞争何以能够有效缓解股票特质性波动提供了进一步证据，为产品市场竞争何以应该保持适度提供了可信解释。

关键词：特质性风险；产品市场竞争；适度竞争；成长性差异

1 引 言

关于股票特质性风险（Idiosyncratic Risk）或其回报波动（Idiosyncratic Volatility）的研究一直是现代公司财务的经典命题。特质性风险（IR）可以作为股票回报中的公司特征性信息或股价信息含量、资本配置效率、投资决策质量乃至资本市场效率水平的一个有效度量（Durnev et al.，2004；Ferreira and Laux，2007；Duan et al.，2010；Cao and Han，2012）。国外诸多研究表明，欧美发达资本市场上的股票特质性风险在近几十年来均呈显著增加的趋势[①]，而其典型的经济后果是公司产品市场竞争（PMC）业绩与其股票市场绩效的关联性下滑（Gaspar and Massa，2006；Brown and Kapadia，2007；Peress，2010；Fink et al.，2010；Giroud and Mueller，2011）；而且，世界范围内普遍存在着高特质性波动公司具有更低回报的异常现象（Ang et al.，2009；Fu，2009；Dasgupta et al.，2011；Panousi and Papanikolaou，2012；Grullon et al.，2012）。这两种显著的趋势已日益引起学界重视，不一而同，更多的学者将其归咎于产品市场上日趋激烈的竞争（吴昊旻等，2012）。

[①] 长期来看，特质性风险的变化趋势存在时期差异很自然。Brockman 和 Yan（2006）基于 1926～1962 年近 40 年更长样本的重新检验发现：特质性波动呈显著下降趋势，平均特质性波动与市场超额回报间并无显著关联，但特质性波动与横截面股票收益率仍呈非常显著的反比关系。Brandt 等（2010）的研究亦显示，2003 年的特质性风险又回到 20 世纪 90 年代前的水平，而 Campbell 等（2001）所谓的增加趋势以及随后的反转多集中在那些股价较低和散户居多的公司，这说明 20 世纪 90 年代特质性风险的增加并非持续的时间趋势，而可能只是一种突发现象——这与孔东民和扬薇（2012）关于我国上市公司特质性波动在 2007 年反转下降的变化趋势一致，至少部分与散户投资者交易有关。而 Thesmar 和 Thoenig（2009）的均衡模型和实证检验甚至指出：是资本市场参与度及国际资本市场整合度的增加，使公众公司和私企的特质性风险呈相反变化趋势，而产品市场规模及其竞争程度、上市公司比重、总波动的下降等相对静态的变化并不能完全解释这种趋势。

高质量的竞争始终是创新、增长和经济绩效的最有效驱动力量，推动形成高质量的竞争已成为中国进一步深化其市场化改革的必由之路。市场竞争程度的提高能够促进信息的充分流动，但激烈竞争下的股票特质性波动也更为显著（Gaspar and Massa，2006；Peress，2010）。那么——结合上述研究发现的"两种趋势"，在市场化进程下中国产品市场上的激烈竞争是否会加剧其股票的特质性波动？从股票的特质性波动（IR）的视角看，产品市场竞争的日益加剧是否伴随着其竞争效率/质量的日益提升？日益重视和推动经济增长方式战略性调整和产业结构转型升级，已成为新时期中国经济持续健康发展的必然选择。结合中国资本市场20多年的发展历程以及当前的经济形势，尤其是自2010年起中央政府明确并继续将"稳增长、调结构、增质量、重效益"作为其今后经济工作的重心，强调"要充分利用国际金融危机形成的倒逼机制，把化解产能过剩矛盾作为工作重点"，通过"着力增强创新驱动发展新动力"等战略举措"加快调整产业结构，提高产业整体素质"，进而"实现尊重经济规律、有质量、有效益、可持续的发展"①。那么，在上述旨在优化资源配置或"国民"经济布局的系列新政背景下，再结合中国经济高速发展下企业的普遍高增长/成长特征，中国的产品市场竞争又是否已经真的"过度"？

受产业组织和市场结构理论等多维视角及其最新研究启发，本文拟围绕上述研究关系以及中国的现实背景，基于产品市场竞争的中宏观层面，着眼从股票特质性波动（IR）的微观视角"反观"中国产品市场的竞争质量以及其资本市场的效率水平，为中国通过提升上市公司的竞争质量和产业结构的优化调整进而推进其经济增长方式的转型升级提供决策启示。这符合发达国家市场经济发展的基本逻辑和路径，故具有重要的理论及应用价值。本文基于2000~2012年中国沪深A股上市公司样本，进一步检验"PMC—风险"关联，研究结果表明，中国资本市场的特质性风险（IR）已处于较高水平，且具有明显的阶段性波动特征；"PMC—风险"呈显著的非线性关系（先增后减的倒U形），即产品市场的适度竞争（行业结构相对集中、公司市场势力显著）能够有效缓解股票的特质性波

---

① 我国宏观经济政策"稳中求进"的总基调不变，2012年12月15日的中央经济工作（政治局）会议更明确要求和贯彻"加快推进产业转型升级，发挥自主创新对结构调整的带动作用，支持企业牵头实施产业目标明确的国家重大科技项目，推进产能过剩行业兼并重组、扶优汰劣"的产业结构优化新思路。企业能真正把新技术和市场需求相结合，故自主创新的重点实在企业，但要从源头推动产业转型升级，还须依赖国家的宏观创新战略（如科技项目倾斜、财政金融支持等）。

动,而日趋激烈的产品市场竞争会显著加剧股票特质性波动(IR);成长性差异是影响其"PMC—风险"关系的重要环境因素,处于新兴/转轨经济背景下的中国上市公司普遍面临的高成长压力是加剧其产品市场竞争并进而引致股票回报显著波动的一个重要推手,高成长压力确实具有"竞争加剧效应"。

本文的差异化贡献主要体现在:第一,从产品市场竞争(PMC)的中宏观视角考察股票特质性风险(IR),为中国资本市场上特质性风险(IR)的变化趋势、内涵及其经济后果提供了来自全行业样本的经验证据;第二,在 Gaspar 和 Massa(2006)等研究指出的竞争加剧导致特质性风险激增的结果基础之上,进一步发现了"PMC—风险"的非线性关联(倒 U 形),这为着意提升产品市场竞争质量即保持产品市场的适度竞争何以能够有效缓解股票特质性波动(IR)提供了进一步的证据。

本文结构安排如下:第二部分为相关研究回顾,第三部分为理论分析、制度背景与研究假设,第四部分为研究设计,第五部分为实证结果分析与稳健性检验,最后为结论与启示。

2 相关研究

自 20 世纪 60 年代中期以后,西方经济学界对于(新)凯恩斯主义(坚持政府干预经济)和新古典宏观经济学(奉行自由市场经济)的各自追捧和共同反思几乎是并行的,但由市场竞争主导经济发展的"金科玉律"已然定型[①],至 80 年代中期经济全球化趋势的形成和深化,各国及其跨国公司之间的竞争已日趋激烈,国际竞争的传导与渗透,"配合着"各国尤其是新兴/转轨经济国家国内市场的激烈竞争及其高成长背景以及金融危机的频发等"有利/不利"的环境因素,在此背景之下,诸多研究开始集中关注产品市场竞争何以加剧及其显著经济后果的成因。

关于竞争(结构)与效率(绩效)的关系,Demsetz(1973)等早期经典研

---

① 虽然 20 世纪 90 年代中后期的亚洲金融危机尤其是 2008 年的世界金融危机促使"竞争 vs 干预"的反思出现短暂的反复,但由市场主导资源配置的原则仍未动摇,我国新时期着意于转变经济发展方式和优化产业结构的战略总基调也同样坚持和深化市场主导原则。

究指出,效率的高低或是否取得竞争优势才是衡量行业结构优劣的关键,不能只看其表面是竞争的或是集中的,过于分散的竞争有损效率,集中与分散的行业市场结构引致的(财务)政策高效率都是"有条件的",如可能还要考虑规模等影响。Demsetz(1973)通过理论分析和实证检验,进而提出如下质疑:诸如分散化或反并购的政策,是否也会因此导致更低的效率?上述质疑已陆续被一系列研究和实践所证实。Morck 等(2000)、Campbell 等(2001)、Comin 和 Philippon(2005)等关于美国因全球化和放松管制而导致的激烈竞争背景下的股票特质性波动大增的经验结果以及 Gaspar 和 Massa(2006)、Irine 和 Pontiff(2009)、Peress(2010)及 Kale(2011)等直接关注"PMC—风险"关联的最新研究结论均表明:正是激烈的竞争弱化了股价的信息含量,并因此导致股票特质性风险或其回报波动的显著增加和更差的事后收益;而显著的公司市场势力(Market Power)或适度集中的行业结构即不完全竞争的产品市场(PM)有助于缓解公司股票市场(SM)的低效率。因权益融资成本降低(Fama and French,2004)和行业管制放松(Gaspar and Massa,2006;Irvine and Pontiff,2009;Peress,2010;Hoberg and Phillips,2010)等市场因素或政策背景引致的各行业公司"数量和质量"的显著变化,即更多弱小(Campbell et al.,2001;Bali et al.,2005;Fama and French,2004,2011;Fink et al.,2010;Chod and Lyandres,2011)或更具风险(Brown and Kapadia,2007;Lowry et al.,2010)的新公司的迅速及大量上市,很可能是导致行业竞争结构变迁的直接原因。

依其视角与路径差异,上述研究可归结为"两种路径"及其"七类效应"(吴昊旻等,2012)。

第一种研究将产品市场竞争(PMC)作为与规模、成长性等公司特征并列的"内生性"因素予以考察,我们将其概括为产品市场竞争(PMC)之"内生互动影响",涉及四类效应:①"小公司效应",认为特质性风险的显著增加是因更多小公司的上市所致(Campbell et al.,2001;Bali et al.,2005);②"新公司效应",考虑到新上市公司多具有规模小、实力弱及高风险等特征,故更多的研究将其归咎于权益资本成本的降低,更多弱小(Fama and French,2004)或风险更高的公司(Brown and Kapadia,2007)更易上市;③"基本现金流波动效应",Irvine 和 Pontiff(2009)指出美国资本市场特质性波动的显著增加是公司基本现金流波动(Idiosyncratic Volatility of Fundamental Cash Flows)加剧的反映,而其最终推手乃是经济领域中更趋激烈的竞争——因弱小公司的融资便利、行业管制放松及跨国竞争（Gaspar and Massa，2006）；④"信息—风险效应"，基于公司特征信息的判断将直接影响证券估值，故当（拟）上市公司中包含更多弱小、更依赖创新、不确定性更高或收益更不稳定的公司时，其显著的信息不对称将使IPO估值更难，特质性风险亦必更高（Lowry et al.，2010）。

第二种研究则将特质性波动（IR）的显著增加归咎于具有上述特征的——更弱小、新上市或风险更高——公司的日益上市导致的行业竞争结构的变化，我们将其归纳为产品市场竞争（PMC）之"外生独立效应"，现有研究可分为三类：①"信息传播效应"，即更集中的行业能显著强化行业共同信息及竞争性信息的传播效应，从而促进其有效配置、降低预期不确定性（Haw et al.，2008）、提升公司间战略互动及其价值依赖度（Piotroski and Roulstone，2004），而这种战略互动还会反过来放大信息传播的竞争效应（Chen et al.，2005），形成良性循环；②"自然保值（Natural Hedge）或风险转嫁效应"，即公司显著的产品市场势力（尤其在面临逆向外部冲击时）何以能稳定公司业绩（Gaspar and Massa，2006；Peress，2010）；③"创新激励效应"，即更集中的行业与显著的市场势力是否有助于推进企业的创新创造（Chun et al.，2008；李春涛和宋敏，2010；邓可斌和丁重，2010）？Hoberg 和 Phillips（2010）、Novy - Marx（2009）等将上述效应归结为公司市场势力更为充分的"内部化能力"，界定有别但异曲同工。

产品市场（PM）与股票市场（SM）因其竞争能够相互推动，故其对于公司价值的影响效应也必密切关联。上述研究首次建立起公司产品市场竞争（PMC）与其股票市场（SME）的效率关联路径，并使之日益成为未来公司财务研究（如资产定价等）的一个新兴趋势以及系统考察公司价值决定的重要环境因素。沿着第二种路径，即将产品市场竞争作为外生驱动因素，吴昊旻等（2012）首次基于产品市场竞争视角考察我国资本市场股票特质性风险显著增加的成因及其内涵，其基于"竞争结构—风险预期—回报波动"关联的理论分析与实证表明：我国上市公司股票特质性风险——至少近十年来——也呈显著增加趋势，特质性风险与其市场风险水平的明显"背离"虽国内外皆然，但其背离的"性质"迥异，我国股市的"投机性或政策性"特征更为明显；特质性风险的显著增加与我国产品市场竞争的加剧显著正相关；集中的行业结构与显著的公司市场势力能有效弱化特质性风险，稳定公司回报（孔东民和杨薇，2012①）。与 Demsetz（1973）、Gaspar 和 Massa（2006）、Peress（2010）等研究一脉相承，吴昊旻等（2012）指出的弱化激烈竞争进而缓解公司特质性波动的结论，其着意实在于提升竞争的质量或效率。

3 理论分析、制度背景与研究假说

本文基于产品市场竞争（PMC）的中宏观视角纵深考察竞争的加剧及其经济后果。股票特质性风险或其回报波动（IR）是反映公司绩效乃至资本市场效率水平的一个综合性指标（Durnev et al.，2004ab；Ferreira and Laux，2007），回应引言中提出的两种趋势（现象）及其相关分析，我们认为，过犹不及，产品市场的过度竞争或垄断均是低效甚至无效的（Demsetz，1973），只有高质量或适度的竞争才能持续推动公司绩效的提升以及产业结构的优化调整。受政策及投机行为等影响，我国上市公司的行业集中度波动较大且总体偏低，呈现出低效的竞争与低效的垄断并存、行业结构普遍分散但微显优化集中趋势三大基本态势，而由此引致的激烈竞争也导致股票特质性波动（IR）的持续增加及其与回报的显著背离（吴昊旻等，2012）。归结其根源，中国"国民"经济布局的长期缺陷、持续的行业行政性管制（于良春和张伟，2010；刘瑞明和石磊，2010）以及"新36条"等诸多新政的"执行尴尬"等"体制性困境"依然是其主因。下文结合中国的制度背景，对"PMC—风险"关联即产品市场的适度竞争何以能够有效缓解特质性波动的作用机理予以理论分析，并进而提出可检验假设。

3.1 市场结构变迁会引致竞争效率差异：理论基础

本文的分析基于上述第二种研究的逻辑，即将产品市场竞争（PMC）视为独立于公司特征的"外生性"因素。产品市场竞争之影响因素及其经济后果，既要在行业整体变迁并扩及其制度背景的宏观层面予以考察，又须落实在具体的公

---

① 不同的是，孔东民和杨薇（2012）直接沿着 Gaspar 和 Massa（2006）的思路，基于"自然避险"和"信息不确定"的视角检验产品市场竞争与异质波动的关系，其研究表明，公司的市场力量与异质波动显著负相关，而这种负相关主要源于信息不对称间接机制，自然避险（直接）机制的效果尚不明显。

司特征差异及其引致的公司间竞争互动的微观层面，故考量其影响效应，应从行业的聚散结构及其市场竞争强度两大维度展开。产业组织和市场结构理论可为中国以国企为主体的上市公司竞争乃至以国有经济为主导的行业竞争格局提供有力解释。与主流的价格理论推论基本一致，无论是传统的"结构主义"（以 Bain 为代表）还是"芝加哥"学派（新产业组织理论），均强调不同的市场结构会导致不同的厂商定价和非价格行为，进而导致不同的经济效率。垄断并非只是导致福利损失，而分散竞争也不等同于效率，竞争和效率的权衡成为传统"结构—绩效"（SCP）范式与新兴的"效率—结构"逻辑的争议焦点所在。作为产业组织理论的发展，市场结构理论将决定绩效的因素归结为三类："结构—绩效""相对市场力量"（RMP）及"效率—结构"（ES）范式。前两类统称为市场势力假说（MP），其核心是更集中行业结构下的公司市场势力决定其绩效的高低，即相对市场份额更高、产品差异更大的企业可凭借其显著的市场势力获取更高的利润（Kurts and Rhoades，1991；徐忠等，2009）；而"效率—结构"范式则认为是企业间的效率差异——技术与管理水平（X-效率理论）或不同的规模优势（规模效益理论）——导致了市场结构及其获利能力差异（Smirlock et al.，1986）。可见，行业结构的集中甚或垄断也可能是市场竞争的自然结果，而效率才是判断行业结构优劣或竞争质量高低的关键（Demsetz，1973）。

3.2 中小企业的上市便利引致市场竞争结构的基础性变迁

Fama 和 French（2004）的研究指出，在其他因素不变时，权益融资成本的降低会吸引更多的新公司上市融资。考虑到新上市公司多具有小规模、势力弱（Campbell et al.，2001；Bali et al.，2005）及高风险（Brown and Kapadia，2007）等特征，故融资便利的增加无疑也会（通过加剧竞争而）加剧特质性波动。这是欧美发达资本市场发展早期甚至是其 2008 年金融危机前后的现实，而我国资本市场的发展变迁及其相关新政取向似乎"正好"符合 Fama 和 French（2004）的预期及结论。日益重视和推动经济的战略性调整和产业结构的转型升级，已成为新时期中国经济持续健康发展的必然选择，针对行业准入及投融资等宏微观领域的一系列新政（如"新 36 条"）势必会逐步促生积极的经济后果。这与 2008 年金融危机后欧美发达国家为缓解市场的激烈竞争而在宏观政策及公司风险战略等方面的适应性调整（公司/产业优化集中、强化贸易壁垒及金融监管）基本一致。受制于特定的制度背景，中国资本市场建立初期，上市公司多由国企转制而来，对公司上市一直设有很高的政策性甚或歧视性门槛，上市等同于获得一种特权资源，这使民营中小企业很难上市。但随着制度环境的变迁，政策性门槛的逐步放松使得更多新兴中小企业得以陆续上市，中小板、创业板相继出现，中国资本市场已日趋多元纵深。允许和鼓励更多有潜力的新兴中小公司上市，有助于优化中国上市公司的行业竞争结构进而推动产业结构的转型升级。

在产业结构优化调整、行业管制逐步放松、民企信贷倾斜以及资本市场多元纵深等系列新政背景之下，众多民营中小企业得以更容易地进入或扩大其市场份额并相继上市，而政策的便利必将会刺激企业的利益最大化追求及其扩张冲动。此时，因不同特征——如规模大小、实力强弱、风险高低（组建时间较短、更重视或依赖研发创新、资产的风险属性差异等）等——企业的集聚而引发的各行业内公司"数量和质量"的显著变化，势必引致产品市场及资本市场（PM/SM）竞争格局的基础性变迁。这种结构性变迁势必影响市场的竞争强度，而竞争的加剧亦势必会显著影响公司产品市场竞争绩效及其股票市场回报的波动。这是产业组织和市场结构理论关于"结构—绩效"关联的基本逻辑，也与 Campbell 等（2001）、Fama 和 French（2004）、Bennett 和 Sias（2006）及 Brown 和 Kapadia（2007）等关于成熟资本市场发展历程的描述与实证分析以及吴昊旻等（2012）等基于中国资本市场的实证检验结果相一致。关注这种结构性变迁及其引致的"竞争—风险"效应，无疑具有重要意义。如何在竞争效率与风险增加即竞争的"数量与质量"之间进行合理权衡，是决定行业竞争结构优劣乃至产业结构转型升级的关键，竞争环境的优化更须着意于行业结构优势或公司竞争优势的培育。

3.3 高成长压力：竞争加剧效应

成长性差异是影响公司财务政策选择及其绩效的重要环境变量。Hutchinson 和 Gul（2004）等研究指出：之所以出现公司治理与其业绩弱相关乃至负相关等结论分歧，一个重要的原因在于公司成长性等外部环境的影响差异所致；对于拥有更多或更依赖成长机会的企业，公司治理显得更为重要，而其竞争策略也更为敏感（Aguerrevere，2009；Hobergand Phillips，2010）。作为一国/地区尤其是新兴/转轨经济国家公司治理环境或其制度背景的一个关键特征，更高的成长性往往对应着更为激烈的市场竞争。高成长会加剧行业竞争，并使公司间竞争策略更趋敏感，这可以从以下两个方面理解：

其一，要素/政策资源有限，成长机会稍纵即逝①。得益于经济周期的自然变迁以及产业政策的倾斜（如放松行业准入、降低融资门槛等）等有利环境推动，具备更高成长性的行业意味着更大的发展空间和更多的投融资机会，而行业成长性的提高以及市场需求的快速增加会吸引更多的企业进入行业，并导致公司间更趋激烈的竞争。伴随着竞争的加剧，企业为保持其竞争优势或避免淘汰出局，会加大资本性投资，通过为技术革新提供持续而稳定的资金支持，以提升或保持其及时把握和充分利用有限的要素/政策资源以及未来成长机会的能力，有效阻止竞争者进入或迫使其让步而捕获更多的市场份额（Dixit，1980；Kulatilaka and Perotti，1998）。Akdoğu 和 MacKay（2012）以研发支出作为创新投资代理变量的实证研究发现，当竞争对手投资而企业放弃投资所失去的市场份额（或市场价值）的落后成本高昂时，企业就更有可能仿效竞争对手进行创新投资并引发"羊群行为"。

其二，高成长性行业企业的竞争策略驱动。实际上，相对于已趋成熟甚或开始衰退的低成长性行业企业，高成长性行业企业对于新的投融资机会亦更为敏感和依赖。高成长性企业多为技术或理念领先的高新技术企业，或多处在受一国/地区政策优先扶持的高成长性行业如"战略性新兴产业"中，这类企业往往需要更大的政策空间以及更为充裕的资金支持，故其对于新兴机遇以及新政变化（趋势）自然更为关注，并因此会采取诸多"适应性"策略以把握和利用好现有成长机会。然而，竞争（策略）往往具有传染效应，尤其是带有（政策）"寻租"性质的竞争则更为激烈（Krueger，1974）。高成长企业享受的政策倾斜一方面会诱致实力或技术相似的竞争对手同样为了争取政策便利而加剧甚或演变为"争宠式"的竞争，加入这样的竞争，除了伺机壮大自身外，更是为了积极应对更强竞争对手的掠夺。

另外，那些拥有新技术或新产品、更具成长潜力的高成长企业带来的市场竞争压力，也会直接刺激或推动尚处于行业下游的企业改善产品或技术创新的动机，这均会直接或间接地加剧企业间的竞争。可见，成长性差异会显著影响行业

---

① 资源依赖理论告诉我们企业赖以发展的资源除了原材料等自然要素资源以外，还有非自然资源，如保持与政府的良好关系（政企关联）、争取更多的政策优惠等。作为处于新兴/转轨时期的文明古国，中国一直具有政府干预经济的传统，产业政策倾斜虽为各国所普遍采用，但其在中国更具有政府政策导向的作用。然而，在市场化进程不断深化的过程中，政府的可控资源毕竟（日趋）有限，故更强的资源依赖必然会引致更趋激烈的市场竞争。

的市场竞争程度以及企业的竞争战略选择。处于新兴/转轨时期的中国，因其制度背景复杂、新政出台频繁、产业政策多变、资本市场相对滞后，高速的经济增长总伴随着各行业企业间激烈甚至无序的竞争，而激烈竞争带来的企业经营状况的不确定性会导致其投资者预期或经营现金流的频繁波动，并最终加剧了公司特质性回报的波动（Gaspar and Massa，2006；Peress，2010；Irvine and Pontiff，2009）。Bekaert 等（2010）的研究亦表明，大部分的特质性波动应归咎于成长机会和总的市场波动，这与中国特定制度环境下的政策多变以及资本市场的"政策市或投机市"特征也相吻合。

同时，作为一国/地区的倾向性产业政策的原因及其结果，更高的成长性往往还会"吸引"更多的政府干预。因为为加快促进其经济增长①，新兴/转轨经济国家的政府普遍偏好优先支持那些具有"国字号、规模大、实力强、成长快、技术新"特征的行业/企业。此时，为了争夺有限的要素/政策资源和更好的成长机会，企业间竞争将更加激烈，甚至会演变为"争宠式竞争"。政府管制往往具有系统性影响，即其会经由经济方针、产业政策、法律制度乃至股权结构等宏微观环境变量进而显著影响公司间竞争及其绩效。作为政府管制最主要、最直接或最典型的干预形式，产权歧视和行业行政性垄断与公司的市场势力形成及其成长性特征密切关联（杨兴全和吴昊旻，2011）②。可见，高成长性与政府管制便利、产品市场竞争的加剧及其引致的特质性波动之间，似乎存在一个显著的"正向"关联，故在新兴/转轨经济背景下深入考察中国上市公司之"PMC—风险"关联时还须充分考虑行业高成长性特征的关键影响。

3.4 适度的产品市场竞争（PMC）：四大优势

任何经济体都面临的一个关键挑战即如何实现储蓄对于投资机会的最优匹配，在此过程中，至少有两大问题始终难以回避，即投融资决策前的"信息问题"以及决策实施后的"代理问题"。信息和动机问题阻碍着经济资源在资本市

---

① 哈佛学者亨廷顿指出，"威权转型"对于工业化程度不高的国家来说或许是一种更好的发展方式，而威权体制最终会转变为民主体制。可以预见——事实也如此，在由"威权治理"向市场化"民主治理"的转型进程中，政府的主导角色往往突出甚至不可或缺。

② 此外，值得一提的是，高成长性很可能是维持和巩固企业尤其是垄断性企业绩效及其市场势力的一个重要基础，而保持经济的高速增长是解决这类市场发展中政—企相关代理问题的有效方式（Stigler，1971；亨廷顿，1998；Fan et al.，2007b）。这也是"邓小平理论"所谓的"在发展中解决问题"的现实体现。在此意义上，中国坚持多年的"保8"增长战略虽显"功利"但也有其现实合理背景。

场中的有效配置，并导致投融资项目决策日益复杂化（Healy and Palepu，2001）。而实际上，就其解决之道而言——结合诸多经典理论及其成功实践，前者应该诉诸产品及要素（包括资本）市场的适度竞争（Peress，2010；Kale，2011；Gaspar and Massa，2006；Piotroski and Roulstone，2004），而后者则须依赖于公司治理环境的适时完善（Jensen and Meckling，1976；Dey，2008；Fan et al.，2005）①。

适度的产品市场竞争更注重竞争的效率实质而非形式，故判断其是否达到所谓"适度"，除要看行业的聚散结构及其市场竞争强度外，还须进一步对比其竞争绩效或经济效率的高低。产业组织理论与市场结构理论的市场势力（MP）假说和"效率—结构"（ES）范式以及前文关于"PMC—风险"效应的诸多研究均表明：产品市场的适度竞争有助于缓解公司证券市场的低效率，进而稳定公司回报，而概括其机理在于适度集中的行业结构或更为显著的公司市场势力具有"四大优势"：更高的信息配置效率（Peress，2010；Tookes，2008；Gaspar and Massa，2006）、更强的风险转嫁或"自然保值"能力（Gaspar and Massa，2006）、具有在面临逆向外部冲击时将不同风险属性的资产和投资/成长机会与其所在市场竞争环境适时匹配的优势（Aguerrevere，2009），以及更有利于行业内不同特征公司间的战略性互动或价值依存度的提升（Piotroski and Roulstone，2004）。拥有更强市场势力的公司由于更多受到公众及监管部门的关注，且其自身的治理机制和信息披露相对更健全，其更大的股票成交量（包括内部人交易）与流动性加速和保障了私人信息在股价中的配置效率，股价信息含量的提高使得投资者预期更趋集中；而且，凭借其显著的市场势力，这些公司能更容易地将负面特质性冲击转嫁给客户（Gaspar and Massa，2006；Peress，2010；Kale，2011），实现"自然保值"（Natural Hedge），故这类公司相对于那些分散行业里的企业具有更低的现金流和利润波动（Irvine and Pontiff，2009）或风险水平（Hou and Robinson，2006）。此外，更显著的公司市场势力一般对应着相对集中的行业结构（二者往往互为因果），而集中的行业结构能显著强化行业共同信息及竞争性信息的传播效应（Cheng，2005；Haw et al.，2008）。此时，信息的有效配置、投资者预期的集中、股票成交量及流动性的提高等有利的微观治理因素，就会与集

---

① 适度竞争有助于信息的有效传播。Healy 和 Palepu（2001）指出，信息披露以及为增强公司管理层与投资者间信息披露之可信性的治理机构，能有效缓解信息和动机问题阻碍资本市场资源有效配置的缺陷。

中行业结构下公司竞争优势的巩固及其获利能力的持续（Cheng，2005；Baginski et al.，1999）①，以及行业内不同特征公司间的战略性互动和价值依赖度的提升（Piotroski and Roulstone，2004）等更好的宏观竞争环境，逐渐形成良性的"循环"②，而这种竞争格局正是欧美发达经济体所着力推动的方面，也更应成为我国新时期转变经济增长方式和推动产业结构转型升级的新政取向。由上机理分析可见，适度集中的行业结构和公司显著市场势力的"四大优势"实际上得益于并同时塑造了这类行业或公司更好的竞争格局。

根据以上分析，我们提出如下具体假设：

H1：产品市场竞争（PMC）的加剧与股票的特质性风险或其回报波动（IR）显著正相关，而适度的产品市场竞争能够有效缓解股票特质性波动（IR），即二者（"PMC—风险"）呈非线性关系（倒 U 形）。

H2：高成长性会加剧或强化"PMC—风险"之正向关联，即高成长压力与产品市场竞争（PMC）的加剧及其引致的特质性回报波动（IR）正相关。

4 研究设计

4.1 样本与数据

本文基于中国沪深 A 股上市公司 2000～2012 年样本，产品市场竞争（PMC）变量数据主要采自 CCER 数据库，特质性风险（IR）数据主要来自锐思（RESET）数据库，缺失数据用 CSMAR 及 WIND 补充。样本筛选原则如下：①剔除

---

① 得益于集中的行业结构，日益巩固的公司市场势力因此会延缓（Increases the Persistence）其更高的获利能力向低于行业均值递降的速度（Cheng，2005），延长市场势力占优企业的盈余持续时间（Baginski et al.，1999），从而吸引和稳定更高的投资者预期及回报水平。

② 诸多研究表明，集中行业里的竞争公司之间更易形成"串谋"（竞争性合作）而获得经济租或超额收益（Strickland and Weiss，1976；Brock and Scheinkman，1985），此时，公司也才能更主动地利用壁垒战略（Masson and Shaanan，1986），以有效遏制低效竞争对手的进入（Schmalensee，2004；Carlton，2004），而竞争实力相对弱小、治理低效的公司一般无力甚或无意实施壁垒战略。这与 Demsetz（1973）所谓的"行业的集中并非一定是串谋，而是更优业绩和管理能力的体现"以及 Bunch 和 Smiley（1992）关于"竞争结构—战略合作"的三大解释相一致。

金融保险业公司；②剔除样本公司数太少（少于5家）及数据不全或缺失严重的行业；③剔除样本期间内被 ST 和 PT 的公司。经上述处理，本文样本几乎涉及所有行业，行业划分标准依据证监会 2001 年《上市公司行业分类指引》。

为避免歧异值影响，本文对所有变量在 1% 水平上予以 Winsorize 处理。本文实证检验基于面板数据，经过 Hausman 检验，所有模型均采用面板数据模型下的固定效应回归。此外，由于面板数据容易存在异方差和自相关问题，本文采用 Stata 软件中可同时纠正模型异方差和自相关问题的"xtscc"命令进行估计，描述性统计及回归检验均使用 Stata12.0。

4.2 变量设置

4.2.1 产品市场竞争（PMC）

产业组织文献最常使用的竞争指标是行业集中度（CR_n）和交叉价格弹性等，但由于集中度主要度量市场中最大的 N 家企业产出占行业总产出的比例，并不能反映企业间的竞争互动，而交叉价格弹性则受制于企业的定价资料，故均不能准确而全面反映公司的产品市场竞争动态。鉴于此，本文遵循国内外研究的主流方法（Gaspar and Massa，2006；Peress，2010；吴昊旻等，2012），并综合考虑了行业竞争结构、公司市场势力以及行业内外竞争差异等影响（Gaspar and Massa，2006；Novy – Marx，2009），采用反映市场集中度或公司所在行业聚散结构的综合指标即赫芬因德指数（HHI）和体现公司市场势力的超额价格—成本边际（EPCM）两大指标来综合衡量产品市场竞争。

4.2.2 股票特质性波动（IR）

学界普遍认同使用日度等高频数据估算股票特质性风险或其回报波动（Idiosyncratic Risk）更为精确。结合中国股市的短期性、波动性特征以及与已有研究的可比性和数据可得性等考虑，本文拟主要基于 CAPM 并采用股票日回报高频数据估算特质性风险，借鉴 Gaspar 和 Massa（2006）、Malkiel 和 Xu（2003）、Fu（2009）以及吴昊旻等（2012）的思路和程序，我们首先对中国沪深 A 股样本中每个上市公司或每只股票，将其过去 36 个月的个股月回报（考虑现金红利再投资后）按月对其市场的超额回报进行时间序列回归，得出风险的 Beta 值，然后将其拟合到当月的个股日回报中，从而得到个股日回报与市场日回报的回归残差，最后对这些日残差（按所有天、所有月）求平方和，得到特质性风险的月度值，再将其按月求和得到特质性风险年度值（IR），为降低量级，取其自然对数。市场风险 Beta 值、个股及市场日回报等数据均来自锐思（RESET）数据库。

考虑到公司的规模、已有收益水平、财务杠杆、上市时间、现金持有比率以及市场风险、成长性高低等因素，均会直接或间接影响公司市场势力及其回报预期特征，并使公司因此处于产品/资本市场的某种优势或弱势位置，故与 Gaspar 和 Massa（2006）、Irvine 和 Pontiff（2009）以及 Lowry（2010）、Kale（2011）等国外主流研究一致，本文控制了上述因素以及行业、年度等影响。此外，考虑到公司治理因素对于公司"PMC—风险"关联的潜在影响（Ferreira and Laux，2007；Giroud and Mueller，2011；Hutchinson and Gul，2004），结合中国的制度背景，本文还相机控制了股权结构（Share1 和 Share1~5）、控制权结构（Sep）与内部整体治理水平（CGI）等公司微观治理机制以及国有股占行业的比重（ROG）、市场化程度（Mar-Index）等宏观外部治理环境因素。变量定义见表1。

表1 变量定义

变量	代码		度量方法	预期
风险	股票特质性波动	IR	基于个股日回报的 CAPM 回归日残差平方和估算。稳健性检验中采用 Fama-French 三因素模型（回归残差的标准差）三种方式	-
产品市场竞争	行业集中度	HHI	$\sum_f (x_i/\sum x_i)^2$，其中 x_i 为行业 f 中公司 i 的销售额，本文用主营业务收入代替	-
	超额价格—成本边际	EPCM	等权的 EPCM = 公司 PCM（折旧及息税前利润/销售额）- 行业价值等权的 PCM 均值，用以反映公司的市场势力（Market Power）	-
控制变量	代理冲突	Micro-level	分别采用第一大股东持股比例（Share1）、第二到第五大股东持股比率（Share2~5）以及两权分离程度（Sep）来反映公司微观层面的股权结构或控制权结构引致的代理冲突	+
		Macro-level	国有股占行业的比重（ROG），即某行业国企总数占该行业公司总数的比重，用以反映行业中宏观层面的产权结构引致的代理冲突	+
	公司内部整体治理水平	CGI	借鉴 Gompers 等（2003）等的做法，采用主成分分析法确定	-

续表

变量		代码	度量方法	预期
控制变量	中国市场化指数（外部治理水平）	$Mar-Index$	采用樊纲和王小鲁（2009）的中国市场化指数，具体包括市场化进程（$Market$）、政府干预（$Gov-Int$）和法治水平三个指数（Law）	-
	权益回报率	Roe	净利润/净资产	
	公司规模	$Size$	公司总资产的自然对数	
	公司年龄	Age	公司上市时间的长短	
	现金持有水平	$Cash-hold$	（现金＋短期投资净额）/总资产	
	长期杠杆	$Leverage$	公司长期负债占总资产的比例	
	市场风险	$Beta$	CAPM的$Beta$估计值的年度均值	
	利润边际	$Profit-margin$	折旧前营业利润/销售收入总额	
	成长性	$Grow$	公司主营业务收入增长率	
	年度	$Year$	控制	
	行业	$Industry$	控制	

5 实证结果分析

5.1 描述性统计分析

5.1.1 产品市场竞争现状：结构与效率

我们基于全行业样本对2012年中国上市公司所在行业的市场集中度进行了描述，由表2、表3及图1可见，中国上市公司所在行业集中度波动仍然明显且总体偏低，2000年后尤其是2005年和2008年前后波动较大（政策变迁所致）①，

---

① 2005年国务院出台"非公经济36条"，鼓励和引导个体私营等非公经济发展，但制造业并未出现显著集中的趋势，政策效果并不明显，故2010年出台"新36条"其实仍然是为落实"旧36条"。2008年8月1日正式实施的《反垄断法》可能是导致行业集中度下降的一个主要因素，但法律与政策旨在优化我国经济及产业结构的效果尚未有效凸显。

个别行业日趋集中,中国产品市场竞争的三大主要特征依然持续(吴昊旻等,2012)①,尤其是低效竞争与低效垄断"双低"并存的格局至今仍未有效改观,大部分行业的分散化特征依然持续(更多行业分布在1000以下的高竞争区间),行业结构虽然微显"优化"集中趋势(见图1),但却主要源于国企的日益做大。表3中国的上市公司、公司销售收入的分布及其比重呈现出显著的"国民"差异,在高竞争尤其是高寡占区间(HHI大于1800),国企均占明显优势(集中程度越高,国企所占比重越大;反之亦然),与前文理论分析一致,中小企业的上市便利引致的市场竞争结构的基础性变迁尤其是国有企业的"逆危机成长"可能是导致中国上市公司所在行业竞争结构"畸形"的主要原因,2008年金融危机后中国国有企业的日益做大既可能在高集中行业加剧/强化垄断,也可能在低集中行业加剧无序竞争。这很好地印证和解释了中国行业"双低并存"的竞争结构现状。

表2 我国制造业(C)的行业集中度(CR$_4$-未加权平均)变化(%)

年份	2000	2001	2002	2003	2004	2005	2006	2007	2008	2009	2010	2011	2012
均值	12.02	7.41	9.94	17.95	8.02	4.91	7.94	5.09	7.94	4.91	5.62	5.81	6.42

资料来源:CSMAR数据库。

表3 2012年中国上市公司所在行业的市场集中度(HHI)

HHI分段	行业分布②		公司分布				销售收入			
	数量	比率	数量	比率	国企数目	国企比重	总额	比率	国企收入	国企比重
500以下	7	0.3333	1152	0.5806	448	0.3888	8.17E+12	0.3971	5.51E+12	0.6744
501~1000	9	0.4286	578	0.2913	285	0.4930	2.90E+12	0.1410	2.21E+12	0.7621
1001~1400	1	0.0476	48	0.0242	23	0.4791	2.63E+12	0.1278	2.51E+12	0.9544
1401~1800	1	0.0476	117	0.0590	71	0.6068	6.68E+11	0.0325	4.51E+11	0.6751
1801~3000	2	0.0952	33	0.0166	31	0.9393	1.36E+11	0.0066	1.10E+11	0.8088
3001以上	1	0.0476	56	0.0282	42	0.75	6.07E+12	0.2950	6.04E+12	0.9951
合计	21		1984		900	0.4536	2.06E+13		1.68E+13	0.8181

注:HHI区间的划分基于美国司法部(Department of Justice)以HHI值为基准的市场结构分类,这里的HHI是将其扩大10000倍以后的值。

资料来源:CSMAR数据库。

---

① 在1978~1990年中国经济转型早期呈分散化趋势,1990~1995年趋于稳定,1995年后又趋集中(余东华,2009;魏后凯,2003);2000年后尤其是2005年和2008年前后波动较大(政策变迁所致),个别行业(如H、C5、E、F)日趋集中。这与图1描绘的变化趋势基本吻合。

② 考虑到制造业上市公司的总体比重(超过60%),故对其进行了二级分类,其他行业均采用一级分类。

5.1.2 变量描述性统计

由表4的主要变量描述性统计可见,中国上市公司股票特质性风险或其回报波动的年度均值为0.3025,仍远低于美国等发达国家甚至超过40%的水平(Gaspar and Massa,2006;Brown and Kapadia,2007;Kale,2011),但特质性风险波动显著且具有明显的阶段性特征($Std.=487.8\%$):2000~2003年呈下降趋势,而2003年尤其是2005~2007年又呈显著增加趋势,2007年之后波动依然显著但总体呈下降趋势,这与显著受到政策变迁(特别事件)影响的中国市场的行业集中度的变化趋势基本吻合(见表2),产品市场竞争与特质性波动即"竞争—风险"正向关联显著(见图1、图2);基于全行业样本的特质性风险变化趋势亦与Brandt等(2010)等的"均值反转"结果相类似,政策变迁、金融危机等特别事件效应应该是导致特质性风险呈现阶段性波动特征的主要原因。

中国资本市场系统性风险($=1-$CAPM回归的R^2)的均值高达0.697($Std.=31.28\%$),又远高于美国资本市场($Mean=0.189$,$Std.=15.4\%$),较低的特质性风险与过高的系统性风险的"背离"依然明显,表明中国上市公司的风险回报仍更多受制于宏观政策变迁或基本面波动——新兴/转轨市场经济国家的普遍特征,与公司自身"效率"特征(经营、治理及获利能力等)的关联仍处在偏低水平[①],中国资本市场的"政策市"和散户居多的"投机市"特征依然显著(吴昊旻等,2012),上市公司整体绩效及其价值创造能力仍然较弱。

中国上市公司的行业集中度HHI的均值为0.066($Std.=0.084$),行业分布总体较为分散,而公司市场势力(EPCM)的均值为-1.635,标准差为1212.48,分布差异巨大,且与其所在行业的聚散结构并不对应(显著的公司市场势力一般对应着相对集中的行业结构),行业聚散结构与公司市场势力强弱的明显"背离"进一步印证了我国行业的"畸形"竞争结构(见表3、图1和图2)。

值得说明的是,中国制造业(C)上市公司占其上市公司总数的60%以上,制造业公司的发展攸关中国资本市场乃至其经济整体的质量或效率。与基于制造业整体样本(C)公司的描述性统计结果相比(吴昊旻等,2012),全行业样本下的股票特质性风险(IR)更高(0.3025)且其波动趋势更为显著(2007年出

---

① 一般地,公司绩效若更多取决于其所在国家(地区)的宏观政策或基本面波动,则其所在资本市场的投机性特征便更为明显;而发达资本市场下公司绩效则更多取决于其自身的价值创造能力或公司特征性信息的变化(Durnev et al.,2004)。

现均值反转),系统性风险水平(MR)亦更高(0.6974),而行业集中度(HHI)尤其是公司市场势力(EPCM)则更低,这与制造业等实体性企业的股价波动相对较小、分布相对集中有关。全行业样本统计结果基本反映了中国上市公司整体的竞争现状。

表4 主要变量的描述性统计

Variables	Mean	Std.	min	max
IR	0.302530	4.877969	0.000105	427.5233
$1-R^2$	0.697381	0.312801	0.026783	0.992466
HHI	0.065666	0.084014	0.014885	0.889029
EPCM	-1.63452	1212.476	-160780.1	5742.862

5.1.3 产品市场竞争(PMC)与特质性波动(IR):关联趋势

图1和图2是中国上市公司特质性波动(IR)与其所在的行业竞争结构(PMC)的时间关联趋势。由图1和图2可见,行业集中度(HHI)、公司市场势力(EPCM)与特质性风险(IR)即"竞争—风险"的正相关趋势显著,中国上市公司特质性风险水平呈明显的阶段性波动特征,且2007年之后确有"均值反转"迹象,"PMC—风险"的正向关联亦趋弱化,这反映了新兴/转轨经济国家市场的"快速、多变"特征以及2007年底爆发的全球性金融危机对于产品市场竞争过于激烈的风险警示,亦符合本文关于"PMC—风险"关联的理论分析。

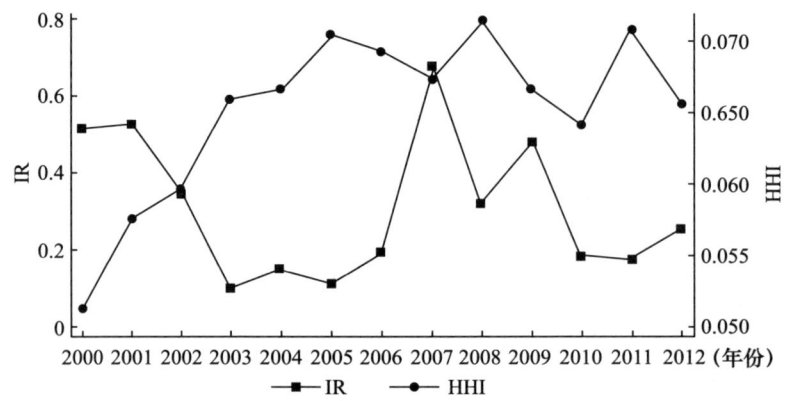

图1 特质性波动(IR)与行业集中度(HHI)

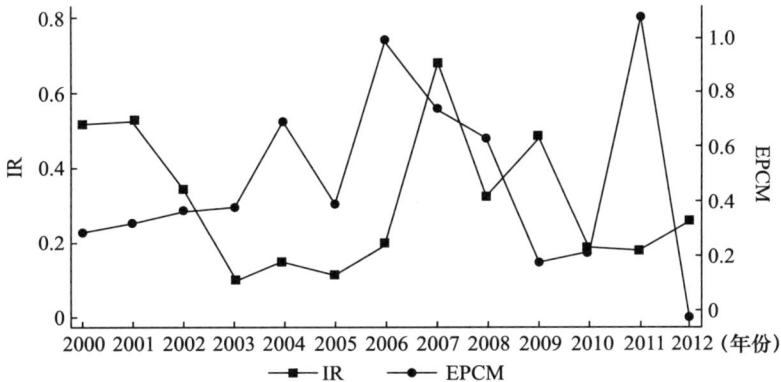

图 2 特质性波动（IR）与公司市场势力（EPCM）

5.2 多元回归分析

本书的多元回归采用最小二乘法（OLS）并使用 Stata11.0 软件进行计量分析，基本模型如下：

$$IR_{ft} = \alpha_{ft} + \beta_1' PMC_{ft} + \beta_2'' CONTROLs_{ft} + \varepsilon_{ft}$$

式中，IR_{ft} 为公司 f 在 t 年的特质性风险，PMC_{ft} 代表产品市场竞争变量，而 $CONTROLs_{ft}$ 则代表实证检验中需要控制的所有变量。

5.2.1 产品市场竞争（PMC）与特质性波动（IR）的关联：全行业样本

由表 5 基于全行业样本的回归结果可见，相较于制造业样本特质性风险显著增加的结果（吴昊旻等，2012），全行业样本的特质性风险（IR）水平呈现出更为显著的阶段性波动特征（见图 1、图 2），但"竞争—风险"关系依然符合本文预期，产品市场竞争（PMC）的加剧会引致股票特质性风险或其回报波动（IR）显著增加（Model – 1 和 Model – 3）。表 5 加入竞争变量的平方项之后（Model – 2 和 Model – 4），其相关系数由负转正且均在 1% 的水平上显著，这表明适度的产品市场竞争（PMC）即相对集中的行业结构（HHI）和显著的公司市场势力（EPCM）能够有效缓解股票特质性风险或其回报波动（IR），产品市场竞争程度与股票特质性波动（"PMC – IR"）呈显著的非线性关系（倒 U 形），结果显著支持本文 H1 理论预期。

表5 产品市场竞争（PMC）与特质性波动（IR）

	Model-1	Model-2	Model-3	Model-4
HHI	-0.591**	-0.900***		
	(-2.154)	(2.710)		
HHI^2		1.063***		
		(3.330)		
$EPCM$			-0.172*	-0.263**
			(-1.718)	(-2.228)
$EPCM^2$				1.001***
				(3.062)
$Size$	-0.132*	-0.133*	-0.132*	-0.132*
	(-1.764)	(-1.765)	(-1.763)	(-1.763)
$Cash-hold$	1.466***	1.471***	1.476***	1.477***
	(2.843)	(2.851)	(2.848)	(2.849)
$Profit\ margin$	0.001	0.001	0.001	0.001
	(0.063)	(0.067)	(0.166)	(0.165)
$Leverage$	0.160	0.160	0.160	0.160
	(0.255)	(0.254)	(0.253)	(0.253)
Roe	0.468	0.464	0.470	0.484
	(0.716)	(0.710)	(0.717)	(0.732)
$Beta$	-0.242***	-0.242***	-0.242***	-0.241***
	(-4.247)	(-4.247)	(-4.234)	(-4.234)
Age	0.016	0.016	0.016	0.016
	(0.581)	(0.583)	(0.591)	(0.586)
$Share1$	0.018**	0.018**	0.019**	0.019**
	(2.082)	(2.086)	(2.119)	(2.120)
$Share2\sim5$	0.049***	0.057***	0.043***	0.044***
	(3.110)	(3.114)	(3.143)	(3.143)
Rog	0.423	0.392	0.411	0.412
	(0.751)	(0.684)	(0.735)	(0.738)
Sep	0.016	0.016	0.016	0.016
	(0.407)	(0.407)	(0.409)	(0.408)

续表

	Model-1	Model-2	Model-3	Model-4
CGI	-0.237*	-0.237*	-0.234	-0.234
	(-1.656)	(-1.651)	(-1.630)	(-1.628)
$Market$	-0.107*	-0.108*	-0.106*	-0.107*
	(-1.821)	(-1.825)	(-1.813)	(-1.816)
Law	-0.027	-0.027	-0.028	-0.028
	(-0.591)	(-0.587)	(-0.605)	(-0.602)
$Gov-Int$	0.172*	0.173*	0.171*	0.172*
	(1.854)	(1.884)	(1.754)	(1.784)
$Constants$	1.802	1.753	1.801	1.788
	(0.903)	(0.876)	(0.904)	(0.896)
$Year$	控制	控制	控制	控制
$Industry$	控制	控制	控制	控制
Observations	10462	10462	10425	10425
$Adj-R^2$	0.0239	0.0238	0.0240	0.0239

注：括号内为 t 检验值，*** 表示 $p<0.01$，** 表示 $p<0.05$，* 表示 $p<0.1$。

5.2.2 高成长是否会加剧/强化"PMC—风险"效应？

成长性差异是影响公司财务政策选择及其绩效的重要环境变量（Hutchinson and Gul，2004），同时也是新兴/转轨经济背景下考察公司产品市场竞争及其回报波动的一个关键影响因素（Hoberg and Phillips，2010；Bekaert et al.，2010；杨兴全和吴昊旻，2011）。与前文理论分析相呼应，表6进一步考察高成长压力是否会加剧/强化"PMC—风险"正向效应，结果表明，高成长压力确实具有"竞争加剧效应"，在高竞争环境下（$Dummy\_High$），高成长性会显著加剧股票特质性波动（$High \times Grow$），新兴/转轨经济背景下中国上市公司普遍面临的高成长压力确实是加剧其产品市场竞争及其回报波动的一个重要推手，这符合本文H2的理论预期。

表6 产品市场竞争、成长性差异与特质性波动（IR）

	Model-1	Model-2
Grow	-0.001	0.001
	(-1.356)	(0.832)
Dummy_High（HHI）	-0.025	
	(-0.883)	
High×Grow	0.020***	
	(3.060)	
Dummy_High（EPCM）		-0.013
		(-1.422)
High×Grow		0.019***
		(2.881)
Size	-0.025***	-0.025***
	(-3.155)	(-3.172)
Cash-hold	-0.003	-0.003
	(-0.086)	(-0.097)
Profit margin	0.001**	0.001***
	(2.559)	(3.363)
Leverage	0.016	0.017
	(0.904)	(0.941)
Roe	0.027	0.037
	(0.768)	(0.877)
Beta	-0.100	-0.099
	(-1.191)	(-1.195)
Age	-0.002	-0.002
	(-1.293)	(-1.298)
Share1	0.011**	0.011**
	(2.145)	(2.094)
Share2~5	0.016**	0.019**
	(2.163)	(2.186)
Rog	0.009	0.002
	(0.299)	(0.086)
Sep	0.001	0.001
	(0.815)	(0.800)

续表

	Model-1	Model-2
CGI	-0.011	-0.010
	(-1.256)	(-1.155)
$Market$	-0.005**	-0.005**
	(-2.144)	(-2.148)
Law	-0.001	-0.001
	(-0.532)	(-0.537)
$Gov-Int$	0.009**	0.009**
	(2.291)	(2.279)
$Constants$	-0.006	0.013
	(-0.375)	(0.997)
$Year$	控制	控制
$Industry$	控制	控制
$Observations$	10233	10233
$Adj-R^2$	0.045	0.045

注：括号内为 t 检验值，*** 表示 $p<0.01$，** 表示 $p<0.05$，* 表示 $p<0.1$。

5.3 稳健性检验

本文从行业聚散结构（HHI）和公司市场势力（EPCM）两大方面，对产品市场竞争进行了多维度量（兼顾了行业内外、公司微观层面的市场势力及其所在行业的聚散结构），实际已充分考虑了该主要变量的稳健性，故这里的稳健性检验主要针对被解释变量特质性波动（IR）。对于股票回报或其特质性波动（IR）的度量，除 CAPM 单因素模型外，其多因素扩展模型如 Fama-French 三因素模型等亦被诸多研究证实其具有广泛适用性（Fama and French, 2004; Gaspar and Massa, 2006; Malkiel and Xu, 2003; Ang et al., 2006; 2009; 吴昊旻等, 2012）。对于新兴/转轨背景下的中国资本市场而言，单纯由系统性风险来解释股票回报率是不够的，尚有其他风险因素在股票定价中起着不容忽视的作用，多因素模型可能更具解释力。出于稳健性考虑，本文还基于国际主流研究所采用的Fama-French 三因素模型（回归残差的标准差）、CAPM（回归日残差的标准差）及其市场模型（Market model）三种方式（均使用日回报高频数据），替代度量了股票特质性波动（IR）。描述性统计显示，不同度量方式下的特质性波动（IR 在 0.15 左右）与本文基于 CAPM 日残差回归估算的特质性风险水平（IR）接近（Bali et al.，2005；Bekaert et al.，2010），采用 Fama – French 三因素模型与本文基于 CAPM 日残差回归方法度量的特质性波动（IR）的相关性超过 0.86，检验结果仍然保持稳健。

此外，我们还采用多维分组方法对上述结果予以检验，即分别基于不同的竞争程度（PMC）以及成长性（Growth）高低等差异（将样本按变量大小分为低中高三组，取其两端的样本分别代表高低差异）的分组样本考察上述关联，检验结果均显著支持本文的理论预期。限于篇幅，本文未报告具体结果。

6 研究结论与启示

诸多研究表明，产品市场上的激烈竞争会加剧股票特质性波动（IR），并导致其与回报的普遍背离。受产业组织和市场结构理论等多维视角及其最新研究成果启发，并结合中国的现实背景，本文基于产品市场竞争（PMC）的中宏观层面，着眼从股票特质性波动（IR）的微观视角"反观"中国产品市场的竞争质量以及其资本市场的效率水平，为中国等新兴/转轨经济国家通过提升其上市公司的竞争质量和产业结构的优化调整进而推进其经济增长方式的转型升级提供决策启示。本文以 2000~2012 年中国沪深 A 股上市公司为样本，进一步检验"PMC—风险"关联，研究发现，中国资本市场的特质性风险已处于较高水平，且具有明显的阶段性波动特征，相对较低的特质性风险（IR）与过高的市场风险（MR）的"背离"依然明显，表明中国资本市场的"政策市"和"投机市"特征并未有效缓解，且有加剧趋势，这说明中国新时期关于产业优化调整的一系列新政尚未甚或未能发挥其有效治理功能；"PMC—风险"呈显著的非线性关系（先增后减的倒 U 形），即适度的产品市场竞争（行业结构相对集中、公司市场势力显著）能够有效缓解股票的特质性波动，而日趋激烈的产品市场竞争会显著加剧股票特质性波动。在中国等新兴/转轨经济背景下，成长性差异是影响"PMC—风险"关系的一个关键环境变量，我们的研究首次指出，处于新兴/转轨经济背景下的中国上市公司普遍面临的高成长压力是加剧其产品市场竞争并进而引致股票回报显著波动的一个重要推手,高成长压力确实具有"竞争加剧效应",故应该充分重视成长性差异对于公司财务政策及其经济后果的影响,在通过倾向性的产业政策对相关行业进行鼓励和扶持时,应该充分考虑到该政策与行业成长性的"匹配"效率以及其对产品市场竞争与公司回报波动的影响等。

本文基于中国上市公司样本,在 Gaspar 和 Massa(2006)等研究指出的产品市场竞争(PMC)的加剧会导致特质性风险(IR)激增的结果基础之上,进一步发现了"PMC—风险"的非线性关联(倒 U 形),为着意提升产品市场的竞争质量即保持产品市场的适度竞争何以能够有效缓解股票特质性波动提供了进一步证据,为产品市场竞争(PMC)何以应该保持"适度"提供了可信解释。作为已经融入全球经济的转型经济大国,中国的经济影响力与日俱增,基于中国差异化样本的上述研究结果,对于众多新兴市场国家进一步优化市场竞争环境、提升其公司竞争质量等亦具有重要参考价值。值得注意的是,上述关于"PMC—风险"效应的相关研究(包括本文),虽然较好地解释了股票特质性波动(IR)的变化、成因及其内涵,但尚未就低效竞争的经济后果及其"有效治理"提供清晰答案,故只能算作一种不完整的解释。更好的公司治理环境无疑会促进更高质量的竞争,那么,纳入公司治理(环境)考量的"PMC—风险"关系又将如何变化?治理环境的优化是否有助于在更深更广的层面上为产品市场竞争的适度及其积极经济后果提供基础性环境保障?我们还将持续跟进。

参考文献

[1] Aguerrevere, F.. Real Options, Product Market Competition and Asset Returns [J]. *Journal of Finance*, 2009, 64 (2): 957 – 983.

[2] Akdoǧu, E., and MacKay, P., Product Markets and Corporate Investment: Theory and Evidence [J]. *Journal of Banking and Finance*, 2012 (36): 439 – 453.

[3] Ang, A., Hodrick, R., Xing, Y., Zhang, X.. High Idiosyncratic Volatility and Low Returns – International and Further U. S. Evidence [J]. *Journal of Financial Economics*, 2009, 91 (1): 1 – 23.

[4] Bekaert, G., R. J. Hodrick and X. Zhang, Aggregate Idiosyncratic Volatility [C]. SSRN Working Paper, 2010.

[5] Brandt, Michael W., Alon Brav, John R. Graham, and Alok Kumar. The

Idiosyncratic Volatility Puzzle: Time Trend or Speculative Episodes? [J]. *Review of Financial Studies*, 2010, 23 (2): 863 – 899.

[6] Brockman, P., Yan, X. Block Ownership and Firm – specific Information [J]. *Journal of Banking & Finance*, 2009, 33 (2): 308 – 316.

[7] Brown, G., and N. Kapadia. Firm – Specific Risk and Equity Market Development [J]. *Journal of Financial Economics*, 2007, 84 (2): 358 – 388.

[8] Bunch, D. S. and R. Smiley. Who Deters Entry? Evidence on the Use of Strategic entry deterrents [J]. *Review of Economics and Statistics*, 1992, 74 (3): 509 – 521.

[9] Campbell, J. Y., M. Lettau, B. G. Malkiel, and Y. Xu. Have Individual Stocks Become More Volatile? An Empirical Exploration of Idiosyncratic Risk [J]. *Journal of Finance*, 2001, 56 (1): 1 – 43.

[10] Chen, S., K. W. Ho, and K. H. Ik. The Wealth Effect of New Product Introductions on Industry Rivals [J]. *Journal of Business*, 2005, 78 (3): 969 – 996.

[11] Dasgupta, A., A. Prat, and M. Verardo. Institutional Trade Persistence and Long – Term Equity Returns [J]. *Journal of Finance*, 2011, 66 (2): 635 – 653.

[12] Demsetz, H. Industry Structure, Market Rivalry, and Public Policy [J]. *Journal of Law and Economics*, 1973, 16 (1): 1 – 9.

[13] Dey, Aiyesha., Corporate Governance and Agency Conflicts [J]. *Journal of Accounting Research*, 2008, 46 (5): 1 – 39.

[14] Dixit, A., The role of investment in entry – deterrence [J]. *The Economic Journal*, 1980 (90): 95 – 106.

[15] Durnev, A., Morck, R., Yeung, B.. Value – enhancing Capital Budgeting and Firm – specific Stock Return Variation [J]. *Journal of Finance*, 2004, 25 (1): 65 – 105.

[16] Fama, Eugene F., and Kenneth R. French. Size, Value, and Momentum in International Stock Returns [C]. SSRN Working Paper, 2011.

[17] Fama, E., French, K.. New Lists: Fundamentals and Survival Rates [J]. *Journal of Financial Economics*, 2004, 73 (1): 229 – 269.

[18] Fan, J., Wong, T. J., Do External Auditors Perform A Corporate Gov-

ernance Role in Emerging Markets Evidence from East Asia [J]. *Journal of Accounting Research*, 2005 (43): 35 -72.

[19] Fan, J., Wong, T. J., Zhang, T. Organizational Structure As a Decentralization Device: Evidence from Corporate Pyramids [J]. Working Paper, The Chinese University of Hong Kong and City University of Hong Kong, 2007.

[20] Fan, J., Wong, T. J., Zhang, T. Politically connected CEOs, corporate governance and post - IPO performance of China's newly partially privatized frms [J]. *Journal of Financial Economics*, 2007 (84): 265 -590.

[21] Ferreira, M. and P. Laux. Corporate Governance, Idiosyncratic Risk, and Information Flow [J]. *Journal of Finance*, 2007, 62 (2): 951 -989.

[22] Fu, F.. Idiosyncratic Risk and the Cross - section of Expected Stock Returns [J]. *Journal of Financial Economics*, 2009, 91 (1): 24 -37.

[23] Gaspar, José - Miguel, and Massimo Massa. Idiosyncratic Volatility and Product Market Competition [J]. *Journal of Business*, 2006, 79 (6): 3125 -3152.

[24] Giroud, Xavier, and Holger M. Mueller, Does Corporate Governance Matter in Competitive Industries? [J]. *Journal of Financial Economics*, 2010, 95: 312 -331.

[25] Giroud, Xavier, and Holger M. Mueller. Corporate Governance, Product Market Competition, and Equity Prices [J]. *Journal of Finance*, 2011, 66 (2): 563 -600.

[26] Gompers, P., Ishii, J., Metrick, A.. Corporate Governance and Equity Prices [J]. *Quarterly Journal of Economics*, 2003, 118 (1): 107 -155.

[27] Grullon, Gustavo, E., Lyanders, and A., Zhdanov. Real Options, Volatility, and Stock Returns [J]. *Journal of Finance*, 2012, 67 (4): 1499 -1537.

[28] Haw, I. - M., B. Hu, Lee, J. J., and W. Wu, The Impact of Industry Concentration on the Market's Ability to Anticipate Future Earnings: International Evidence [C]. SSRN Working Paper, 2008.

[29] Healy, P., Palepu, K., Information Asymmetry, Corporate Disclosure, and the Capital Markets: A Review of the Empirical Disclosure Literature [J]. *Journal of Accounting and Economics*, 2001, 31: 405 -440.

[30] Hoberg, G., Phillips, G.. Real and Financial Industry Booms and Busts

[J]. *Journal of Finance*, 2010, 65 (1): 45 – 86.

[31] Hou, K., and Robinson, D., Industry Concentration and Average Stock Returns [J]. *Journal of Finance*, 2006, 61: 1927 – 1956.

[32] Hutchinson, M., Gul, F. A., Investment Opportunity Set, Corporate Governance Practices and Firm Performance [J]. *Journal of Corporate Finance*, 2004, 10: 595 – 614.

[33] Irvine, P., and Pontiff, J.. Idiosyncratic Return Volatility, Cash Flows, and Product Market Competition [J]. *Review of Financial Studies*, 2009, 22 (3): 1149 – 1177.

[34] Jensen, M. C., Meckling, W. H., 1976. Theory of the Firm: Managerial Behavior, Agency Costs and Ownership Structure [J]. *Journal of Financial Economics*, 3 (4): 305 – 360.

[35] Jiang, Guohua, Charles M. C. Lee, Yue Heng, 2010. Tunneling Through Intercorporate Loans: The China Experience [J]. *Journal of Financial Economics*, 2010 (98): 1 – 20.

[36] Kale, Jayant R.. Product Market Power and Stock Market Liquidity [J]. *Journal of Financial Markets*, 2011, 14 (2): 376 – 410.

[37] Khanna, Tarun, and Yafeh, Yishay, Business Groups in Emerging Markets: Paragons or Parasites? [J]. *Journal of Economic Literature*, 2007, 45 (6): 331 – 372.

[38] Krueger, A. O. The Political Economy of the Rent – seeking Society [J]. *American Economic Review*, 1974, 64 (3): 291 – 303.

[39] Kulatilaka, N., and Perotti, E. C., Strategic Growth Options [J]. *Management Science*, 1998 (44): 1021 – 1031.

[40] La Porta, R., F. Lopez – De – Silanes, A. Shleifer and R. Vishny. Corporate Ownership around the World [J]. *Journal of Finance*, 1999, 54: 471 – 518.

[41] Lowry, M., Officer M., and Schwert, W. The Variability of IPO Initial Returns [J]. *Journal of Finance*, 2010, 65 (2): 425 – 465.

[42] Morck, Randall, David Stangeland and Bernard Yeung, Corporate Governance, Economic Entrenchment and Growth [J]. *Journal of Economic Literature*, 2005, 14 (9): 655 – 720.

[43] Panousi, V., and D., Papanikolaou. Investment, Idiosyncratic Risk, and Ownership [J]. *Journal of Finance*, 2012, 67 (2): 1113 - 1148.

[44] Peress, Joel. Product Market Competition, Insider Trading and Stock Market Efficiency [J]. *Journal of Finance*, 2010, 65 (1): 1 - 43.

[45] Piotroski, J. D., and D. T. Roulstone. The Influence of Analysts, Institutional Investors, and Insiders on the Incorporation of Market, Industry, and Firm - specific Information into Stock Prices [J]. *Accounting Review*, 2004, 79 (4): 1119 - 1151.

[46] 邓可斌,丁重. 中国为什么缺乏创造性破坏？——基于上市公司特质信息的经验证据 [J]. 经济研究, 2010 (6): 66 - 79.

[47] 亨廷顿. 第三波：20 世纪后期的民主化浪潮 [M]. 刘宁军译. 上海：上海三联书店出版社, 1998.

[48] 孔东民,杨薇. 产品市场竞争和异质波动："自然避险"还是"信息不确定"？[J]. 产业经济评论, 2012, 11 (3): 1 - 37.

[49] 李春涛,宋敏. 中国制造业企业的创新活动——所有制和 CEO 激励的作用 [J]. 经济研究, 2010 (5): 55 - 67.

[50] 刘瑞明,石磊. 国有企业的双重效率损失与经济增长 [J]. 经济研究, 2010 (1): 127 - 137.

[51] 吴昊旻,杨兴全,魏卉. 产品市场竞争与股票特质性风险：基于中国上市公司的经验证据 [J]. 经济研究, 2012 (6): 101 - 115.

[52] 徐忠,沈艳,王小康,沈明高. 市场结构与中国银行业绩效——假说与检验 [J]. 经济研究, 2009 (10): 75 - 86.

[53] 杨兴全,吴昊旻. 成长性、代理冲突与公司财务政策 [J]. 会计研究, 2011 (8): 40 - 45.

[54] 于良春,张伟. 中国行业性行政垄断的强度与效率损失研究 [J]. 经济研究, 2010 (3): 16 - 27.

由《乡土与城邦》反思现代学术研究的取向

吴昊旻

"写在后面"的前面

南京大学长江学者陈冬华教授和新加坡国立大学李真教授于 2015 年在我国会计领域的权威学术期刊《会计研究》（第 1 期）上合作发表了《乡土与城邦》一文，倡言中国应该适时发力构建起自己的学术城邦，不能再唯"美国标准"是瞻，只满足于跟从甚或"复制"。笔者深以为然。学术使命、学术向度的确定，历来是战略问题，直接攸关一个民族的创新与独立，要避免美国（会计）研究趋势的"裹挟"，尝试孕育"新模式的襁褓"，破局重建"中国化"的学术城邦，不得不先有个学术发展的大战略，而中国至今还缺少这样一个大战略。当此国运日隆、华族日兴，以及全球政治经济格局正在面临纵深调整之大背景下，本文以此为契机，有感而发，借由《乡土与城邦》一文，追问、反思中国现代整个学术研究的取向问题，抛砖引玉，尚有期来者。

本书的初稿最早发表于笔者受托主编的财政部"全国会计领军（后备）人才"培养计划学术五期的《会计研究动态》（内部简报）之上，后又应约转载于厦门国家会计学院的微信公众号"云顶财说"。借助于陈、李二位教授之盛名，此"附会"之文也得以反响热烈、广纳同声。实际上，由原文引发的会计学术界（不止于会计）拟愿"转型升级"的种种"暗流涌动"乃至踌躇满志，才是两位教授以及后学所乐见和激动的事。

本书的选题立意与本人的博士学位论文一脉相承，即在产品市场竞争与特质性风险（"PMC‐IR"）之关联的基础上，拓展引入公司治理环境（CG）之优化与约束，尝试通过优化宏观治理环境（政企关系、法治进程等）进而对中国经济领域内日趋激烈的市场竞争（PMC）予以"理性的反思"和"科学的约束"。亦正如笔者博士论文的"后记"所言：

　　……故砥砺前人，析分时势，当有所思。本文所论产品市场竞争与公司证券市场之效率关联或互动，要其旨即在为"过犹不及"求证。行业之聚散离合，虽多为竞争演变之自然后果（张五常），但亦难免人为之矫枉过正。分散也好，垄断也罢，归其差异，仅在效率而已矣。本文为适度集中之行业结构与公司显著之市场势力"鼓噪"，似与市场竞争之当下主流相反，然归其本意，实着眼于效率，尽在据实说理而决无迎合之念。若期再能与"理实相符"，则学而能思且思而有用，实为学生之幸甚！但上述质疑与期待，却时时相互交错，贯穿始终。国学大师钱穆，因受蒋介石格外礼遇，而备受时人诘责，孤愤之余，其弟子安慰他："先生讲理，人以为谄"（原文"事君尽礼，人以为谄也"，语出《论语·八佾第三》），钱穆因而备感欣慰。学生自非学者，但忆及此事，个中心境，似不一而同。本文于各章之前，均遥引学术名家之断说，实为借权威之言佐证竞争反思之必要。老子曰"反者道之动也"，凡事规行矩步，实难有所创获，而研究初兴之命题，皆必经由此道。

　　研究的指向，想必彰彰；狂妄的内谦，亦自昭昭。以变化着的现实去"考证"既有的理论或判断，是学术研究的基本路径，本无关所谓"复制西方、模仿先进"——形式并不重要！与很多文章一样，本书的选题及其立意就是想着结合中国的现实情境，对一个似乎天经地义的"自在命题"进行必要的反思和验证，实在与陈、李之文的"乡土精神"相一致。然而，如今回想起本人历经学位论文答辩、课题立项评议（中标的第一个国家自然科学基金项目）以及论文审稿发表（《经济研究》2012 年第 6 期）等过程之中，曾无数次面对过的种种质疑、反驳以及各种以学术之名的"求全责备"，至此还是历历在于目前、声声贯于耳畔；也记得内心的那种"彷徨"和焦虑，以及在所谓国际主流、权威观点等无形重压之下的那种莫名的"无助"和初生牛犊般的那种本能的执拗和"反抗"。一个晚学后生的"童蒙之作"竟也想撼动主流（其实只是参与，60 年代的先辈们已经提示），而其心灵遭遇似恍恍然竟与古人相接，实可幸耳。于此，亦可见学术进境之艰难、既成惯性之可畏、知音捧场之可贵也。

无独有偶。笔者于2017年再次中标的国家自然科学基金项目"资源禀赋、市场竞争与民企的'类国企化'选择"，因为尝试"挑破"诸多民企的生存"迷障"，故也毫无例外地三次面对了同样的"知音难觅"，亦让我及些许同人又再次感叹着"成见"力量之大、惯性影响之深。呜呼已矣。然而，我还是中标了，但这并不是"我"的胜利，而应归功于身处于新兴/转轨时期的大中国的磅礴奋进、深度自省和雍容大气，她可以笑纳"异见"、鼓励创试、兼容并包，而这才是能真正孕育起学术兴智、精神立国的温暖的大"襁褓"。

——为所有（尝试）结合中国现实情境的学术研究而鼓噪前行

正　文

陈冬华教授和李真教授合作撰写的文章《乡土与城邦》，原文载于《会计研究》2015年第1期。该文发表后即引起广泛的热议。不必讳言，笔者亦深深赞同文章的观点，并预期该文还会引发更为广泛的讨论甚或争议。这是与中国日益崛起或"复兴"为"全领域"的世界性大国的大背景、大趋势相适应的①。在世界各学术领域，尤其是在久为美、英垄断的会计与公司财务学界，争得应有的"话语权"，无可厚非，亦势所必然。以新加坡国立大学李真教授在国际财务学界的权威声望，以及南京大学陈冬华教授作为国内会计界翘楚之资重，撰写并能发表该文，亦属实至名归。②

---

①　郑永年在接受中央电视台《大国崛起》大型纪录片采访时的一段评论，引起很多人共鸣："所有的以前的国家，崛起中的大国，都是因为它内部的国家制度的健全。所谓的一个国家的外部的崛起，实际上是它内部力量的一个外延。"（第十二集　大道行思）"在一个内部，自己的国家制度还没有健全的情况下，就很难成为一个大国。即使成为一个大国呢，是不是sustainable，不是可持续的。"（第三集　走向现代）

②　一脉相承，两位教授于2017年再次合作发表"学术评价中的'巴别塔'问题——以我国会计及财务研究为例"一文（参见《会计研究》2017年第8期），直言国际学术界长期存在的因"语言差异"甚或"语言暴力"而导致的"弱势语言的学术成就（尤其是人文社会科学）面临系统性低估的风险"的评价失公问题。

该文的摘要最可代表两位学者的"处心积虑",为更清晰地略知作者的意图,直接将其摘要转录如下(核心观点加了下划线):

"经验主义认为,认识产生于经验。基于经验主义的实证会计研究,其最直接最准确的经验来源是基于中国本乡本土的认识,这也符合知识创造与传播的供求规律。由于现代化的进程、路径和结果之间的差异,作为转型中具有五千年历史的国家(中国)与后现代新兴国家(美国)<u>在学术的诉求上有着本质的不同</u>,这就对会计学术的要求提出了不同的挑战。<u>我国会计学者应回归乡土经验,建设属于自己的学术城邦。但是,目前我国的会计研究被美国的会计研究所裹挟,变成了以美国旨趣和需求为取向的会计学研究。</u>这既非我们的比较优势,也不合我们的学术使命。旧模式仍在延续,且有进一步发展的态势,新模式尚在襁褓酝酿,步履维艰。何去何从,如何破局,本文作者不揣冒昧,试图尝试对这一问题从感性到理性探讨的超越,以期抛砖引玉,待学术界同仁批评斧正。"

然后,两位作者以"<u>庸局败局,忧不断绝</u>"、"<u>雾失楼台,月迷津渡</u>"、"<u>研究突破,望眼中国</u>"、"<u>以为普适,以致普失</u>"、"<u>需求差异,饰以普适</u>"、"<u>本计权宜,竟逐长远</u>"、"<u>傲慢偏见,迎而合之</u>"、"<u>天生丽质,枉然自弃</u>"、"<u>学者理性,循规蹈矩</u>"、"<u>郊游逃学,还是自立</u>"、"<u>乐土乐土,吾之乡土</u>"、"<u>时代画卷,波澜壮阔</u>"、"<u>会计研究,走势特异</u>"、"<u>现代化路,各异其趣</u>"以及"<u>建我城邦,永得配飨</u>"等为标题,从十五个方面,不失文采地表达了其对现有的"唯美国是瞻"的会计研究范式的批评,对当前之学术生存模式的思考,以及对于未来能够体现和尊重乡土国情之学术研究模式的憧憬。

简言之,《乡土与城邦》一文,基于"历史/辩证"唯物主义思维和"比较优势"原理的宏阔视野以及"寻求破局"的学术勇气,至少传达了"五层意思",而这"五层意思"又可以一句话"小而大之",即在"小处"说,是倡导会计与财务研究的"中国化"——立足中国"本乡乡土";往"大处"讲,就是要做好"中国特色"的学术研究——不"以美国旨趣和需求为取向"。笔者概括(并略作发挥)其"五层意思"如下:

其一,要回归并立足于中国"乡土化"的研究,因其必须适应中国要走的道路。

学术研究是"务虚"的,因其须建构出思想;但其根基及宗旨却是为了

"务实",即如何突破当前的各种局限,不断走向新境地。正如美国的会计学研究"何曾一刻离开过其所在的乡土",并因此引领世界学术风向数十年,中国的会计学者也唯有"回归乡土经验,建设属于自己的学术城邦",才能终成气候。这既是无可置疑的现实,也是学术发展、知识发达的普遍规律。

其二,要敢于挑战或扬弃美国的权威理论/标准,因其已(甚或历来)"不服水土"。

历经三十余年改革开放至今,我国的发展虽未形成明确的所谓"中国模式",但成熟的西方理论并不能有效解释中国的发展路径,亦日益成为学界不争的事实,众多学者由此开始并期待以"中国的特例"为契机,尝试改造现有甚或创建一个新的理论体系(不限于会计)①。加之,当今世界日益呈现"多极化"特征,美国的理论或标准在历经事实考验之后,已不足以作为权威的定式。所谓"文无第一,武无第二",人文与社会科学领域的思辨性研究(如会计),实际上并不存在所谓的权威,以文学和艺术为核心的"人文"学科以及以现象和问题为旨归的"社会科学",更是首先并始终根基于主体所在的"本乡本土",而后才有交流、互通并终能发达、繁荣的。

其三,要充分正视发达国家的"偏执"与"狭隘",因其常常以"国际化"等同于"公理化"。

以美国为首的西方发达国家,发展和构建的一系列权威理论及标准,虽部分有益于全人类,但多是首先维护自己的国家利益,古今中外皆然,这本无可厚非。但以其自定的所谓"市场经济地位"概念(经济发展模式)、"中国题材研究的世界意义"(学术评价尺度)等标准,肆意评价或度量新兴经济体的贡献及其学术研究的价值,却正是发达国家正在做和中国已长期接受的现实,这是"霸权思维"的全方位渗透与体现。面对新兴经济体的日益崛起,发达国家也开始自觉或不自觉地步入"自我标榜"甚或"护短"的循环怪圈,而此时,他们的主要作用已经不再是"引领",而是"阻遏"(以军事、高新技术等高科技领域尤著)。

与此同时,为因应对外开放,以致"内外相和",国内各界(学界尤然)纷

---

① 这样的著作已有很多,如黄亚生的《"中国模式"到底有多独特?》、郑永年的《通往大国之路:中国与世界秩序的重塑》以及劳伦·勃兰特和托马斯·罗斯基的《伟大的中国经济转型》等,甚至包括科斯的《变革中国》、斯蒂格利茨的《不平等的代价》以及托马斯·皮凯蒂的《21世纪资本论》等。

纷以"国际化"的战略/发展模式,以"数字化"的评审/激励标准[①],以"功利化"的物质/精神追求,更其固化了上述的标准或范式,从而不自觉地无视其偏执与狭隘(在开放初期往往不明就里或为因时就势),导致"唯美国研究马首是瞻,扈随景从",成为数十年之风尚。蓦然回望历史,"以洋为贵"的惯性思维,实在是我中国近百年衰落、颓败而致自卑的无奈选择。然而,"国际化"不等于"公理化",以"后现代新兴国家"的美国为标准的"国际化"就更是相去甚远。客观地讲,不独美国,将任何一个国家的"意识"作为普遍遵循的"单极化"指针,都是创新与创造的大敌。当此中国面临大转型乃至世界格局亦面临深刻调整的大背景之下,要充分正视发达国家的"偏执"与"狭隘",就要逐渐缮养起"充实而不自欺"的自尊与自信,谦逊地"重拾"和深刻审视古、今、中、外的优良传统[②],在学术界首先引领出理性、客观、雍容、开放的大格局和大气象来。具体到论文发表,不是不看、不发、不重视国际化文章,而是要在客观的比较分析中"适时权衡"自己的定位。

其四,要对现行的实证研究范式尤其是实证方法予以深入的反思,因其已日益模式化、"工具化",甚或正日益沦为"秀技场"。

这自然首先是指会计的实证研究而言。现代西方的实证研究范式,欧美实有异[③]:美国倾向于"实证主义"(强调客观事实、脱离个人偏见、建立普遍规律与因果关系)、强调累积/层次创新、通过提升可靠性与合理性确保研究的严谨(如强调内生性问题的"彻底"解决与结果的"超强"稳健性等)、较少重视情境因素;而欧洲则倾向于"阐释主义"(强调主观意识、重视个人理解、记录非普遍规律)、强调平地而起的创新、重视深入描述具体的情境。

然而,范式虽异,欧美范式下均已成型的研究套路竟似雷同。于是乎,方法是否主流、数据是否巨量、结论是否普适、格式是否规范等要求,遂成为学术文章能否"登大雅之堂"的首要门禁;于是乎,形式要求既定,"八股文章"随之;于是乎,在利益驱动之下,受制于期刊编审的用稿习惯、猎奇心理等诸多因素,对所谓套路或技巧的关注竟胜于思想,等上期刊稍能免俗,而等下期刊跟风

---

① 越是细化的评价激励标准,就越是远离公平与正义。
② 科斯、张五常等知名学者一直认为,美国的经济学也早已偏离了其应有方向,例如,传承至20世纪六七十年代的务实求真传统。相关观点可参见张五常的《经济解释》及其经济学散文集《新卖桔者言》《五常学经济》等著作。
③ 潘善琳教授综述的经典案例研究思想的差异,也大体可以作为欧美研究范式的普遍差异,而就会计实证研究的范式而言,欧美却呈现出趋同的倾向。

尤烈！于是乎，实证研究日益桎梏于模式化、工具化，甚至正在沦为"秀技"的场所，演变成所谓的"数据游戏"（Data Game）。这是现代会计实证研究一直饱受经济学家讥评，并逐渐远离社会现实问题的一个重要原因。可以说，美国20世纪六七十年代大气、多元、低门槛（不限题材、国度、资历等）、"风格化"的评审激励（主编）①、思想与方法并重的教育传承、"不拘一格"的人才选拔，等等优良传统，至今已经渐渐消失甚或不复存在。可见，方法、形式的桎梏，是可以湮没思想的。

从实证研究范式的方面看，美国式的"实证主义"偏于客观而不重视"情境"（这似乎有悖于其"个人自由主义"的精神传统），而欧洲式的"阐释主义"又过于主观（这符合文明古国传统积淀下的悠然自信）。作为具有数千年历史的文明古国，中国的研究习惯更接近于欧洲式的"阐释主义"，这或许是文明古国传统积淀下的某种自觉趋同。客观地讲，中国一直传承着务实的传统，经史子集，自古擅长以"故事"讲"道理"，即今所谓"以案说理"。从本质上，中国的"理想的实用主义"可以兼容美式的"实证主义"和欧式的"阐释主义"，做到"兼容并包、执两用中"，而"实证主义"的"实证"核心与"阐释主义"的重视"情境"，无疑均须植根于中国的本土国情。

以案例研究的方法为例，新加坡国立大学的潘善琳教授讲到，中国的案例研究者——亦适用其他研究者——常常面对的"四大困境"：不适用的欧美案例研究方法、缺乏系统有效的操作流程、无法发掘具有潜在理论价值的研究现象、欠缺将研究现象抽象为理论模型的能力。既然传统无所据，而美国亦不可法，那么，解决这些困境该依靠什么呢？从根本上讲，正如陈、李二教授所言，还须回归到乡土经验，建设起"中国化"的、具有"中国特色"的学术城邦。

其五，要弘扬或回归"五·四"的务实爱国精神，因其以"务实之心"（扬弃传统）热爱国邦，故更见其深沉。

研究范式的改变还须依赖精神及方法的革新，5000年文明古国、现代化的全球性大国，应有与其大国地位相称的学术研究。为今之计，当既要防止狭隘自大的"民粹论"，同时还须防止盲目自贬的"唯洋论"。因为爱国，故须务实，五四运动时期诸多学科大师的学术素养及其研究旨趣，足可以作为改变和重塑当

---

① 如戴蒙德、科斯先后主编的 *Journal of Political Economics* 等知名刊物。其中典故可以参见熊秉元的经济学散文集《走进经济学》以及林行止的《经济门楣》和《一脉相承》等的相关评述。

今青年学者学术研究态度的一个精神指针。

搁下这学术素养（须慢慢培养）不说，今人常说的"趣味"，并非从事学术研究乃至有望获得成功的唯一或首要因素，学术研究的成就大体都是"苦行孤诣"中得来，所谓"不孤不足以成学"（熊十力）、"学贵心悟、守旧无功"（张载）、"天道酬勤"。不喜欢、觉得苦，就认定所研究的问题没有意义，实是无稽之谈。大家、大师所谓的"趣味"，无不是其苦心孤诣的"结果"，而非先有"趣味"，故这样的"趣味"必须着意培养才能发现、才能感知。所以，孟子说"充实之谓美"，这样的"趣味"并非街谈巷议的"乐子"，已经是王国维《人间词话》所谓的"境界"了，只可惜"骗了无涯过客"（毛泽东的《贺新郎·读史》）；这样的"趣味"怎可以作为"入门者"的座右铭!？青年学者、莘莘学子，岂可不"独上高楼""为伊消得人憔悴"，而后才能"蓦然回首，那人却在灯火阑珊处"?!

结束语

写到这里，自然要过渡到中国（会计）学术研究的使命与学者的责任，这也是陈、李二位教授撰写《乡土与城邦》一文的目的。然而，学术使命、学术向度的确定，也是战略问题。要避免美国会计研究趋势的"裹挟"，尝试孕育"新模式的襁褓"，破局重建"中国化"的学术城邦，不得不先有个学术发展的大战略，而目前的中国还缺少这样一个大战略。2015年7月12日刚刚故去的成思危先生在给《金融国策论》一书撰写的序言中说道："战略目标的确定是所有研究问题中首要决定的问题，如果目标一错，满盘皆输"，而"《中国金融改革》正确的战略目标应当是鼓励提高我们自身的金融实力，进一步深化和推进金融系统的改革，提高我们的国际竞争力，并且在国际竞争中提高我们的话语权和我们在国际金融中的地位。这才是正确的战略目标。"无独有偶，这与陈、李二位教授的呼吁与深思岂非不谋而合？

不得不承认，精英知识分子（尤其是国外）甚或世人已基本认同的所谓的"中国道路/模式"大体是独特的，即普遍认为其并未严格遵循"西方导师"的教诲，而是始终有其自己的特色；世人亦基本认同中国已在渐渐回归其往昔的大国荣光,已赫然跻身于"全球性大国"之列。那么——在这样的大背景和大趋势之下,中国的青年学者以及莘莘学子应该做些什么?中国的会计与财务研究又该是怎样?中国的学术研究又应该具备什么气象?

对此,我们的高等教育应该首任其时、责无旁贷。在五四运动95周年之际,习近平主席考察北京大学,在肯定北大力争实现世界一流大学目标的同时,也要求北大扎根中国大地办大学,不要把北大办成"第二个哈佛和剑桥",而是要办成"第一个北大"①。其言肺腑、其理昭彰。回归乡土、实事求是,唤醒中国大学的精神底蕴与学术研究的独立自由,既是广大学者的诉求,也是新时期中国的国家意志和民族期待。

煌煌五千年中国文化,传统积淀之深厚、知识传承之绵长、国民智慧之精明,为我们回归乡土经验的(会计)研究转型,提供着不竭的"源泉",加之近百年的"西学东渐"以及数十年的"开放式聆听",我们甚至不必刻意为之,而只要将热爱的目光重新望向乡土、只要将学就的技能务实转向国情,一个吸纳了古、今、中、外优良传统的学术城邦,便可"旦夕"重建,因为当前(首先)需要的正是"改变",而且也似乎到了"另立门户"的时候。"一个源泉是不可能被组织的,如果它不涌出,它就不存在"(米兰·昆德拉),我们期待她以蓬勃的"涌出"而昂然"存在"!

丁酉年冬十月
(2017 年 11 月 30 日)
于石河子大学经济与管理学院

---

① 习近平. 不要把北大办成第二个哈佛和剑桥 [EB/OL]. 中国新闻网, http://news.qq.com/a/20140505/039295.htm.

参考文献

[1] 邓可斌,丁重.中国为什么缺乏创造性破坏?——基于上市公司特质信息的经验证据 [J].经济研究,2010 (6):66-79.

[2] 孔东民,杨薇.产品市场竞争和异质波动:"自然避险"还是"信息不确定"? [J].产业经济评论,2012,11 (3):1-37.

[3] [美] 亨廷顿.第三波:20 世纪后期的民主化浪潮 [M].刘宁军译.上海:上海三联书店出版社,1998.

[4] 姜付秀,刘志彪.行业特征、资本结构与产品市场竞争 [J].管理世界,2005 (10):74-81.

[5] 姜付秀,屈耀辉,陆正飞,李焰.产品市场竞争与资本结构动态调整 [J].经济研究,2008 (4):99-110.

[6] 李春涛,宋敏.中国制造业企业的创新活动——所有制和 CEO 激励的作用 [J].经济研究,2010 (5):55-67.

[7] 林毅夫,李志赟.政策性负担、道德风险与预算软约束 [J].经济研究,2004 (2):17-27.

[8] 刘瑞明,石磊.国有企业的双重效率损失与经济增长 [J].经济研究,2010 (1):127-137.

[9] 陆毅,李冬娅,方琦璐,陈熹.产业集聚与企业规模——来自中国的证据 [J].管理世界,2010 (8):84-89.

[10] 南开大学公司治理评价课题组.中国上市公司治理状况评价研究——来自 2008 年 1127 家上市公司的数据 [J].管理世界,2010 (1):142-151.

[11] 吴昊旻,杨兴全,魏卉.产品市场竞争与股票特质性风险:基于中国上市公司的经验证据 [J].经济研究,2012 (6):101-115.

[12] 吴昊旻. 产品市场竞争与异质性风险: 理论模型与实证 [M]. 广州: 暨南大学出版社, 2012.

[13] 吴昊旻, 王华. 代理成本及其制度渊源、事务所规模与审计质量 [J]. 审计研究, 2010 (5): 68-72.

[14] 吴昊旻, 杨兴全. 产品市场竞争战略与公司债务融资选择 [J]. 财经科学, 2008 (3): 92-98.

[15] 徐忠, 沈艳, 王小康, 沈明高. 市场结构与我国银行业绩效——假说与检验 [J]. 经济研究, 2009 (10): 75-86.

[16] 杨华蔚, 韩立岩. 中国股票市场特质波动率与横截面收益研究 [J]. 北京航空航天大学学报 (社科版), 2009 (3): 6-10.

[17] 于良春, 张伟. 中国行业性行政垄断的强度与效率损失研究 [J]. 经济研究, 2010 (3): 16-27.

[18] 赵德余, 顾海英, 刘晨. 双寡头垄断市场的价格竞争与产品差异化策略: 一个博弈论模型及其扩展 [J]. 管理科学学报, 2006 (9) 5: 1-7.

[19] Aghion, Ph. M. Dewatripont, P. Rey. Corporate Governance, Competition Policy and Industrial Policy [J]. *European Economic Review*, 1997, 41 (3): 797-805.

[20] Aivazian, V., A., Ge, Y., Qiu, J. P. The Impact of Leverage on Firm Investment: Canadian Evidence [J]. *Journal of Corporate Finance*, 2005 (11): 277-291.

[21] Aguerrevere, F. Real Options, Product Market Competition and Asset Returns [J]. *Journal of Finance*, 2009, 64 (2): 957-983.

[22] Angelidis, T. Idiosyncratic Risk in Emerging Markets [J]. *Financial Review*, 2010, 45 (4): 1053-1078.

[23] Ang, A., Hodrick, R., Xing, Y., Zhang, X.. High Idiosyncratic Volatility and Low Returns - International and Further U. S. Evidence [J]. *Journal of Financial Economics*, 2009, 91 (1): 1-23.

[24] Brandt, Michael W., Alon Brav, John R. Graham, and Alok Kumar. The Idiosyncratic Volatility Puzzle: Time Trend or Speculative Episodes? [J]. *Review of Financial Studies*, 2010, 23 (2): 863-899.

[25] Brander, J., Lewis, T. Oligopoly and Financial Structure [J]. *American Economic Review*, 1986 (76): 956-970.

[26] Bekaert, G., R. J. Hodrick and X. Zhang, Aggregate Idiosyncratic Volatility [J]. *Journal of Financial and Quantitative Analysis*, 2012, 47 (6): 1155 – 1185.

[27] Bolton, P., Scharfstein, D., A Theory of Predation Based on Agency Problems in Financial Contracting [J]. *American Economic Review*, 1990 (80): 93 – 106.

[28] Brockman, P., Yan, X. Block Ownership and Firm – specific Information [J]. *Journal of Banking & Finance*, 2009, 33 (2): 308 – 316.

[29] Brown, G., and N. Kapadia. Firm – Specific Risk and Equity Market Development [J]. *Journal of Financial Economics*, 2007, 84 (2): 358 – 388.

[30] Butler, W. A., and Cornaggia, J. Does Access to External Finance Improve Productivity: Evidence from a Natural Experiment [J]. *Journal of Financial Economics*, 2011 (99): 184 – 203.

[31] Campbell, J. Y., M. Lettau, B. G. Malkiel, and Y. Xu. Have Individual Stocks Become More Volatile? An Empirical Exploration of Idiosyncratic Risk [J]. *Journal of Finance*, 2001, 56 (1): 1 – 43.

[32] Campello, M. Debt Financing: Does It Boost or Hurt Firm Performance in Product Market? [J]. *Journal of Financial Economics*, 2006 (82): 135 – 172.

[33] Chen, S., K. W. Ho, and K. H. Ik. The Wealth Effect of New Product Introductions on Industry Rivals [J]. *Journal of Business*, 2005, 78 (3): 969 – 996.

[34] Chemmanur, T., He, S., Nandy, D., The Going Public Decision and the Product Market [J]. *Review of Financial Studies*, 2010 (23): 1855 – 1908.

[35] Chod and, J., Lyandres, E., Strategic IPOs and Product Market Competition [J]. *Journal of Financial Economics*, 2011, 100 (1): 45 – 67.

[36] Cremers, K. J. Martijn, and Vinay Nair. Governance Mechanisms and Equity Prices [J]. *Journal of Finance*, 2005, 25 (3): 2859 – 2894.

[37] Cremers, K. J. M., V. B. Nair, and U. Peyer, Weak Shareholder Rights: A Product Market Rationale [C]. SSRN Working Paper, 2009.

[38] Cremers, K. J. Martijn, Vinay B. Nair, and Kose John, Takeovers and the Cross – section of Returns [J]. *Review of Financial Studies*, 2009 (22): 1409 – 1445.

[39] Dasgupta, A., A. Prat, and M. Verardo. Institutional Trade Persistence and Long – Term Equity Returns [J]. *Journal of Finance*, 2011, 66 (2): 635 – 653.

[40] Demsetz, H. Industry Structure, Market Rivalry, and Public Policy [J].

Journal of Law and Economics, 1973, 16 (1): 1 - 9.

[41] Dewatripont, M. Commitment Through Renegotiation - proof Contracts with Third Parties [J]. *Review of Economic Studies*, 1988 (55): 377 - 390.

[42] Durnev, A. , Morck, R. , Yeung, B. Value - enhancing Capital Budgeting and Firm - specific Stock Return Variation [J]. *Journal of Finance*, 2004a, 25 (1): 65 - 105.

[43] Dey, Aiyesha. Corporate Governance and Agency Conflicts [J]. *Journal of Accounting Research*, 2008, 46 (5): 1 - 39.

[44] Fama, E. , French, K. New Lists: Fundamentals and Survival Rates [J]. *Journal of Financial Economics*, 2004, 73 (1): 229 - 269.

[45] Fama, Eugene F. , and Kenneth R. French. Size, Value, and Momentum in International Stock Returns [J]. *Journal of Financial Economics*, 2012, 105 (3): 457 - 472.

[46] Fan, J. , Wong, T. J. , Do External Auditors Perform A Corporate Governance Role in Emerging Markets Evidence from East Asia [J]. *Journal of Accounting Research*, 2005 (43): 35 - 72.

[47] Fan, J. , Wong, T. J. , Zhang, T. , Politically Connected CEOs, Corporate Governance and Post - IPO Performance of China's Newly Partially Privatized Firms [J]. *Journal of Financial Economics*, 2007a (84): 265 - 590.

[48] Fan, J. , Wong, T. J. , Zhang, T. , Organizational Structure as a Decentralization Device: Evidence from Corporate Pyramids [C]. 2007b, Working Paper, The Chinese University of Hong Kong and City University of Hong Kong.

[49] Ferreira, M. and P. Laux. Corporate Governance, Idiosyncratic Risk, and Information Flow [J]. *Journal of Finance*, 2007, 62 (2): 951 - 989.

[50] Firth M. , C. Lin and S. Wong. Leverage and Investment under a State - owned Bank Lending Environment: Evidence from China [J]. *Journal of Corporate Finance*, 2008 (14): 642 - 653.

[51] Foucault, T. , D. Sraer, and David J. Thesmar. Individual Investors and Volatility [J]. *Journal of Finance*, 2011, 66 (4): 1369 - 1406.

[52] Fu, F. . Idiosyncratic Risk and the Cross - section of Expected Stock Returns [J]. *Journal of Financial Economics*, 2009, 91 (1): 24 - 37.

[53] Gaspar, José - Miguel, and Massimo Massa. Idiosyncratic Volatility and Product Market Competition [J]. *Journal of Business*, 2006, 79 (6): 3125 - 3152.

[54] Garleanu, N., S. Panageas, and J. Yu. Technological Growth and Asset Pricing [J]. *Journal of Finance*, 2011, 65 (3): 1265 - 1292.

[55] Ghemawat, Pankaj, and Barry Nalebuff, Exit [J]. *Rand Journal of Economics*, 1985, 16 (2): 184 - 194.

[56] Giroud, Xavier, and Holger M. Mueller, Does Corporate Governance Matter in Competitive Industries? [J]. *Journal of Financial Economics*, 2010 (95): 312 - 331.

[57] Giroud, Xavier, and Holger M. Mueller. Corporate Governance, Product Market Competition, and Equity Prices [J]. *Journal of Finance*, 2011, 66 (2): 563 - 600.

[58] Gompers, P., Ishii, J., Metrick, A. Corporate Governance and Equity Prices [J]. *Quarterly Journal of Economics*, 2003, 118 (1): 107 - 155.

[59] Grullon, Gustavo, E., Lyanders, and A., Zhdanov. Real Options, Volatility, and Stock Returns [J]. *Journal of Finance*, 2012, 67 (4): 1499 - 1537.

[60] Guadalupe M., F. Pérez - González. Competition and Private Benefits of Control [C]. SSRN Working Paper, 2010.

[61] Haw, I. - M., B. Hu, Lee, J. J., and W. Wu. The Impact of Industry Concentration on the Market's Ability to Anticipate Future Earnings: International Evidence [C]. SSRN Working Paper, 2008.

[62] Healy, P., Palepu, K. Information Asymmetry, Corporate Disclosure, and the Capital Markets: A Review of the Empirical Disclosure Literature [J]. *Journal of Accounting and Economics*, 2001 (31): 405 - 440.

[63] Hoberg, G., Phillips, G. Real and Financial Industry Booms and Busts [J]. *Journal of Finance*, 2010, 65 (1): 45 - 86.

[64] Holmstrom, B. Moral Hazard in Teams [J]. *Bell Journal of Economics*, 1982 (13): 324 - 340.

[65] Hou, K., and Robinson, D. Industry Concentration and Average Stock Returns [J]. *Journal of Finance*, 2006 (61): 1927 - 1956.

[66] Hutchinson, M., Gul, F. A., Investment Opportunity Set, Corporate Gov-

ernance Practices and Firm Performance [J]. *Journal of Corporate Finance*, 2004 (10): 595–614.

[67] Jensen and Meckling, The Theory of the firm: Managerial Behavior, Agency Costs and Ownership Structure [J]. *Journal of Financial Economics*, 1976 (1): 305–362.

[68] Jensen, M., Agency Costs of free Cash Flow, Corporate Finance, and Takeovers [J]. *American Economic Review*, 1986 (76): 323–329.

[69] Jiang, Guohua, Charles M. C. Lee, Yue Heng, Tunneling Through Intercorporate Loans: The China Experience [J]. *Journal of Financial Economics*, 2010 (98): 1–20.

[70] Irvine, P., and Pontiff, J.. Idiosyncratic Return Volatility, Cash Flows, and Product Market Competition [J]. *Review of Financial Studies*, 2009, 22 (3): 1149–1177.

[71] Kale, Jayant R.. Product Market Power and Stock Market Liquidity [J]. *Journal of Financial Markets*, 2011, 14 (2): 376–410.

[72] Khanna, Tarun, and Yafeh, Yishay, Business Groups in Emerging Markets: Paragons or Parasites? [J]. *Journal of Economic Literature*, 2007, 45 (6): 331–372.

[73] Kovenock, D., Phillips, G., Capital Structure and Product Market Rivalry: How Do We Reconcile Theory and Evidence? [J]. *American Economic Review*, 1995 (85): 403–408.

[74] Krueger, A. O., The Political Economy of the Rent–seeking Society [J]. *American Economic Review*, 1974, 64 (3): 291–303.

[75] MacKay, P., Phillips, G., How Does Industry Affect Firm Financial Structure? [J]. *Review of Financial Studies*, 2005: 1433–1466.

[76] Maksimovic, V., Capital Structure in Repeated Oligopolies [J]. *Rand Journal of Economics*, 1988 (19): 389–407.

[77] Morck, Randall, David Stangeland and Bernard Yeung, Corporate Governance, Economic Entrenchment and Growth [J]. *Journal of Economic Literature*, 2005, 14 (9): 655–720.

[78] Panousi, V., and D., Papanikolaou. Investment, Idiosyncratic Risk, and Ownership [J]. *Journal of Finance*, 2012, 67 (2): 1113–1148.

[79] PÁstor, L., and P., Veronesi. Uncertainty about Government Policy and Stock Prices [J]. *Journal of Finance*, 2012, 67 (4): 1219 –1264.

[80] PÁstor, L'ubo Š, Stambaugh, Robert F., Are Stocks Really Less Volatile in the Long Run? [J]. *Journal of Finance*, 2012, 67 (2): 431 –478.

[81] Peress, Joel. Product Market Competition, Insider Trading and Stock Market Efficiency [J]. *Journal of Finance*, 2010, 65 (1): 1 –43.

[82] Povel, P., Raith, M. Financial Constraints and Product Market Competition: Ex ante vs Ex Post Incentives [J]. *International Journal of Industrial Organization*, 2004 (22): 917 –949.

[83] Raith, Michael., Competition, Risk and Managerial Incentives [J]. *American Economic Review*, 2003 (93): 1425 –1436.

[84] Schmidt, Klaus. Managerial Incentives and Product market Competition [J]. *Review of Economic Studies*, 1997 (64): 191 –213.

[85] Shepherd, W. G. Tobin's q and the Structure – performance Relationship: Comment [J]. *American Economic Review*, 1986 (76): 1205 –1210.

[86] Showalter, D. M. Strategic Debt: Evidence in Manufacturing [J]. *International Journal of Industrial Organization*, 1999 (17): 319 –333.

[87] Smirlock, M., Gilligan, T., and Marshall, W. Tobin's q and the structure – performance relationship: Reply [J]. *American Economic Review*, 1986 (76): 1211 –1213.

[88] Thesmar, David, and Mathias Thoenig. Contrasting Trends in Firm Volatility: Theory and Evidence [C]. SSRN Working Paper, 2009.

[89] Tookes, H., Information, Trading, and Product Market Interactions: Cross – Sectional Implications of Informed Trading [J]. *Journal of Finance*, 2008 (63): 379 –413.

[90] Wanzenried, G. Capital Structure and Output Market Competition under Demand Uncertainty [J]. *International Journal of Industrial Organization*, 2003 (21): 171 –200.